MIA FROGNER
FOTOS: JOSEFIN LINDER

GREEN BONANZA

REZEPTE FÜR MEHR GRÜN AUF DEM TISCH

Aus dem Norwegischen von Ricarda Essrich

Jan Thorbecke Verlag

VERLAGSGRUPPE PATMOS

**PATMOS
ESCHBACH
GRÜNEWALD
THORBECKE
SCHWABEN**

Die Verlagsgruppe
mit Sinn für das Leben

Hinweis:
Zwiebeln und Knoblauch werden in der Regel
vor der Verwendung geschält. Wir haben daher
darauf verzichtet, diesen Arbeitsschritt aufzuführen.

INHALT

DIE „RICHTIGE" ERNÄHRUNG

Für manche ist Essen nur etwas, das sie schlicht zum Überleben brauchen, für andere ein Lebenswerk, dem sie all ihre Zeit, ihre Seele und ihre Energie widmen. Für die meisten von uns liegt die Wahrheit irgendwo dazwischen. Doch inzwischen ist Essen auch etwas, zu dem viele von uns leider ein mehr oder weniger schwieriges Verhältnis haben. Und das wundert mich nicht. Ständig werden wir mit Artikeln zu neuer Forschung konfrontiert, die das Gegenteil von dem behaupten, was letzte Woche noch stimmte. Wir sind Marktmechanismen ausgesetzt, die wir kaum ignorieren können, und einem Lebensmittelangebot, das es uns nicht besonders leicht macht, so abwechslungsreich einzukaufen, wie wir es uns vielleicht wünschen würden.

Noch dazu sollten wir am besten nur Bio-Produkte verzehren, möglichst regional produziert, wir sollten immer wissen, wo das, was wir essen, herkommt und – wenn es tierischen Ursprungs ist – wie das Tier behandelt wurde. Wir stellen hohe Erwartungen an uns und an andere und verlieren dabei leicht aus den Augen, worum es beim Essen eigentlich geht. Denn was ist die richtige Ernährung? Geht es darum, alles zu kontrollieren, was auf dem Teller liegt? Geht es um das Ansehen der Zutaten, die wir verarbeiten? Oder darum, jeden Tag etwas Neues und Spannendes zuzubereiten?

Für mich muss Essen lustbetont sein, es muss schön sein. Manchmal macht es Spaß, manchmal ist es sehr strapaziös, manchmal sogar eine Qual, doch dann gibt es wieder Tage, da stehe ich rund um die Uhr in der Küche und probiere neue Ideen aus. Sofern es sich praktisch einrichten lässt, kaufe ich regional und Bio, und bei einigen Produkten bin ich viel wählerischer als bei anderen. Ich esse kein Fleisch und keinen Fisch und darüber hinaus so wenig tierische Produkte wie möglich. Ich vermeide außerdem verarbeitete Nahrungsmittel und Halbfertigprodukte, denn ich möchte mein Essen von Grund auf selbst zubereiten. Für mich funktioniert das so. Ich versuche, auf das zu hören, was mein Körper braucht, und nicht unbedingt auf das, worauf mein Kopf gerade Lust hat – auch wenn er manchmal mitbestimmen darf.

Für mich bedeutet die „richtige" Ernährung Freude bei der Zubereitung, Freude beim Essen und Freude daran, andere dazu einzuladen. Es geht nicht darum, dass es besonders ausgefallen oder besonders korrekt, ambitioniert oder anspruchsvoll sein muss. Mir ist wichtiger, dass wir zusammen sind, verstehen, wo unser Essen herkommt, und dass ich mich mit den Entscheidungen, die ich getroffen habe, wohlfühle.

In diesem Buch basieren die Rezepte auf Pflanzen, Gemüse, Obst und Getreide; hier spielt das Gemüse die Hauptrolle. Es handelt von Zutaten, die wir im Alltag vielleicht am wenigsten zu schätzen wissen, in einer Tradition, in der wir es gewohnt sind, viel Fleisch zu essen. Und für mich spielt es keine Rolle, ob Sie sich vegan, vegetarisch, flexitarisch oder pescetarisch ernähren oder Fleisch essen. Es geht nicht darum, mit dem Finger zu zeigen. Weder darauf, wo das Essen herkommt, noch darauf, was wir essen oder nicht essen sollten, könnten oder müssten. Bei der „richtigen" Ernährung geht es um langfristige und kurzfristige, kleinere oder größere Entscheidungen und darum, damit zufrieden zu sein. Wenn Sie ein wenig oder viel mehr Gemüse essen, etwas über Zutaten und neue Zubereitungsarten erfahren und zu schätzen lernen möchten, was in der Erde wächst und gedeiht, ist dies das richtige Buch für Sie.

Zu guter Letzt finde ich, dass Essen grundsätzlich besser schmeckt, wenn am Tisch viele Freunde und Familienmitglieder sitzen, und es gibt nichts Schöneres, als zusammen zu kochen. Also: Laden Sie Freunde ein, bitten Sie sie darum, Gemüse mitzubringen, und verbringen Sie zusammen einen Abend in der Küche. Dies sind unvergessliche Augenblicke und sicher keine Zeitverschwendung. Es ist immer richtig, egal, wo oder wann es stattfindet.

DAS GERÄUSCH
VON SCHMELZENDER BUTTER

Als ich in den Achtziger- und Neunzigerjahren aufwuchs, lebte die beste Oma der Welt im gleichen Haus wie meine Familie und ich. Sie gehörte zur Zwischenkriegsgeneration, einer Generation, die nie etwas wegwarf, alles aufbrauchte, sehr sorgfältig und genau arbeitete, die statt eines Kochlöffels ihre Hände einsetzten und nie die Zeit stoppten. „Das Abendessen ist fertig, wenn die Kartoffeln gar sind", sagte Oma immer. Und so war es auch.

Meine allerersten Erinnerungen haben mit Oma und mit Essen zu tun. Ich erinnere mich daran, wie ich einen Stuhl an die Arbeitsfläche zog und hinaufkletterte, Brotteig und Mehl auf meinem Jogginganzug in Rosa und Türkis großflächig verteilt – ein echtes Kind der Achtziger. Ich erinnere mich daran, wie ich auf der Arbeitsfläche saß, während Oma mir erklärte, die Pfanne sei heiß, wenn die Butter aufgehört habe zu sprudeln. Ich erinnere mich an eine Oma, die mir auftrug, Kartoffelmehl über die Wurstmasse zu streuen, während sie sich an die richtige Konsistenz heranarbeitete. Und noch etwas Salz. Und ein wenig mehr Kartoffelmehl.

Meine Oma gehörte zu der Generation von Müttern, bei denen das Kochen über einen Reflex im Rückenmark funktionierte. Die instinktiv wussten, wann etwas gar war, wann dem Eintopf noch die letzte Prise Salz fehlte, die unter das Brot klopften, um zu hören, ob es fertig war, die Sahnemakkaroni und Kartoffeln kochten, weil man letztere nicht einfach weglässt, nur weil jetzt „dieses Nudelzeug" Einzug ins Haus gehalten hatte. Die zu Weihnachten Kartoffelfladen backten, quer durch die Küche Knäckebrot auf dem Besenstiel zum Trocknen aufhängten, um es in die richtige Form zu bringen, die ein Waffeleisen besaßen und wussten, wie man die Waffeln innen schön luftig hinbekommt.

Und ich gehöre zu der Generation, die sich eher mit den Werten ihrer Großeltern als denen der eigenen Eltern identifiziert. Die Halbfertigprodukte und Essen aus der Tiefkühltruhe vermeidet. Die wissen will, wie es ist, sein eigenes Gemüse anzubauen, einen Kürbis wachsen zu sehen, die sich im hektischen Alltag die Zeit nimmt, einem Brotteig beim Gehen zuzusehen. Die Ruhe darin findet, in der Küche zu stehen, an Mangos und Ananas zu riechen, zu sehen, wie der leuchtend rote Saft der Roten Bete sich beim Schälen an den Händen festsetzt.

Wir leben in einem hektischen Alltag. Da ist so vieles, was wir noch machen oder gemacht haben sollten, wollten und müssten. Die ganze Zeit haben wir ein schlechtes Gewissen und machen dafür verantwortlich, was am wenigsten Widerstand leistet. Meist ist es das Essen. Obwohl die Zubereitung von Halbfertigprodukten und Tiefkühlware meist genauso lang dauert und diese Sie, die Gesellschaft und die Umwelt viel mehr kosten. Wir vergessen, uns Zeit für das zu nehmen, was wichtig ist. Für Sie, die Sie in einem solchen hektischen Alltag leben, habe ich eine Aufgabe: Riechen Sie am Obst, befühlen Sie Avocados, lassen Sie eine Handvoll getrockneter Linsen zurück in die Schachtel fallen. Zusammen sein. Auf sein Bauchgefühl hören. Frisch gebackenes Brot riechen. Hören, wie die Butter in der Pfanne schmilzt.

10 DINGE,

DIE IN MEINER KÜCHE NICHT FEHLEN DÜRFEN

Um gutes Essen aus guten Zutaten zuzubereiten, braucht es meiner Meinung nach nicht all die vielen Geräte und Werkzeuge in der Küche, die es auf der Welt gibt. Gleichzeitig ist es wichtig, aus den Zutaten und der für die Zubereitung zur Verfügung stehenden Zeit das Beste herauszuholen. Dies sind meine 10 Küchenwerkzeuge, ohne die ich nicht auskomme.

1 + 2. Jeder Kochvorgang beginnt mit einem **GUTEN BRETT UND EINEM SCHARFEN MESSER,** das richtig in der Hand liegt.

3. Manchmal muss man etwas sehr schnell in sehr dünne Scheiben schneiden. Dafür benutze ich am liebsten eine **MANDOLINE.** Passen Sie auf Ihre Fingerkuppen auf!

4. Die **REIBE** benutze ich für alles von Knoblauch und Ingwer bis hin zur Zitronenschale. Das geht schnell, sorgt für ein feines Ergebnis, und die Aromen kommen besser durch als mit einem Messer.

5. Mit einer guten **ZITRUSPRESSE** wird kein Tropfen verschwendet.

6. Die **MESSLÖFFEL** hängen immer über meiner Arbeitsfläche, denn ein Teelöffel ist nicht immer das gleiche wie ein Teelöffel.

7. Ein **TOPF MIT DICKEM BODEN** verteilt und hält die Hitze besser und reduziert so das Risiko für angebranntes Essen.

8. Ich vermeide beim Kochen Kunststoffwerkzeuge – der gute, alte **HOLZKOCHLÖFFEL** ist so viel besser!

9. Ein **MULTIZERKLEINERER** (meist mit dem englischen Begriff Food-Processor bezeichnet) ist beim Kochen unersetzlich! Von Burger bis Salsa, ohne geht es nicht.

10. Ich verwende gerne eine **BRATPINZETTE,** weil ich damit alles, was gewendet, gedreht und bewegt werden soll, besser unter Kontrolle habe.

13 ZUTATEN,

DIE VIELLEICHT ERKLÄRUNGSBEDÜRFTIG SIND

Ich bin besessen von guten Zutaten und gutem Geschmack, und es gibt nichts Besseres, als die richtigen Aromen zu den richtigen Zutaten zu finden, sodass aus der Summe der Einzelteile etwas ganz Neues entsteht. Häufig lasse ich mich von anderen Esskulturen inspirieren. Hier sind einige Zutaten, die Ihnen in manchen der Rezepte begegnen. Sie finden Sie entweder in den Regalen gut sortierter Lebensmittelgeschäfte, beim Gemüsehändler oder im Asiamarkt an der Ecke, im Reformhaus oder im Internet.

1. Im Großen und Ganzen verwende ich **3 ÖLE:** Rapsöl, ein neutrales Pflanzenöl, das starke Hitze verträgt. Olivenöl, das vor allem als Geschmacksverstärker und nicht zum Braten verwendet werden sollte. Und Erdnussöl für den besonders authentischen Geschmack bei asiatischen Gerichten.

2. REISESSIG ist ein Essig aus Reis, mit dem man Säure an Soßen bringt, damit die Geschmacksrichtungen schön ausgewogen sind.

3. SESAM ist mit seiner knusprigen Konsistenz und dem nussigen Geschmack eine herrliche Zutat in vielen Gerichten. Wenn Sie ihn in einer trockenen Pfanne vorher kurz anrösten, kommen die Aromen noch besser zur Geltung.

4. TAHINI besteht aus geröstetem Sesam, der zu einer Paste vermahlen wurde, ganz so wie bei Nussbutter. Sie schmeckt intensiver als Sesam und eignet sich perfekt als Basis für einen Dip oder eine Soße; auch für Hummus wird sie verwendet.

5. SESAMÖL wird wie Tahini aus Sesam gewonnen. Es verleiht dem Essen einen feinen, nussigen Geschmack und kann zur Aromatisierung verwendet werden, entweder als Zutat oder in Kombination mit einem neutralen Öl zum Braten.

6. SRIRACHA ist eine schön starke Chilisoße, hergestellt aus Chilis, Knoblauch, Salz, Zucker und Essig.

7. KICHERERBSENMEHL besteht einfach nur aus getrockneten, vermahlenen Kichererbsen und eignet sich hervorragend als Bindemittel. Es verleiht einen milden, nussigen Geschmack.

8. NÄHRHEFE ist eine sogenannte deaktivierte Hefe, die nicht zur Teiglockerung beiträgt. Sie ist reich an dem, was man die fünfte Geschmacksrichtung nennt – Umami – und verleiht dem Essen damit ein leckeres, rundes Aroma.

9. MISO ist eine Paste aus fermentierten Sojabohnen, die genau wie Nährhefe reich an Umami ist. Es findet vor allem in der japanischen Küche Verwendung.

10. SOBA-NUDELN sind Nudeln aus Buchweizen, die nahrhafter sind als normale Weizennudeln. Es gibt sie in unterschiedlichen Geschmacksrichtungen, z.B. aromatisiert mit grünem Tee.

11. Ich finde, ohne ein **GUTES SALZ** schmeckt das Essen nicht. Reines Meersalz ist das beste Salz.

12. REISPAPIER ist ein dünnes Blatt, hergestellt aus Reis, das weich und transparent wird, wenn es mit Wasser in Kontakt kommt. Dann können Sie es zur Zubereitung von frischen Frühlingsrollen verwenden.

13. Möchten Sie gebackene Frühlingsrollen zubereiten, brauchen Sie **FRÜHLINGS-ROLLENBLÄTTER** aus Weizen. Sie finden Sie in der Tiefkühlabteilung oder im Asialaden. Einfach auftauen und Frühlingsrollen wie ein Goldmedaillengewinner rollen!

KARTOFFELN UND SÜSSKARTOFFELN

Die Kartoffel, im letzten Jahr aus der Erde gezogen, legen wir jetzt zurück in die Erde, damit sie wieder groß wird.

Die Kartoffel hat etwas Tröstliches. Sie war schon immer da. Lässt sich im fruchtbaren genauso wie im kargen Boden anbauen. Da hier in Norwegen nur drei Prozent der Landfläche ackerbar sind, ist es wichtig, dass das, was wir anbauen, auch dort wachsen kann. Die Kartoffel kommt beinahe überall zurecht.

Doch in den letzten Jahren ist sie in Verruf geraten. In nahezu jeder Diät, die Experten und Nicht-Experten vorstellen, bekommt sie den Schwarzen Peter zugeschoben. Doch die allermeisten von uns sind mit gekochten Kartoffeln zu jeder Mahlzeit prima groß geworden, auch wenn diese sich nach und nach den Platz auf den Tellern mit Spaghetti oder Reis teilen mussten. So war es jedenfalls bei uns. Als Mama Pasta beim Mittagstisch einführte, sagte Großmutter: „Schön und gut, aber meine Kartoffeln bekommst du nicht." Daher bin ich mit Kartoffeln und Sahnemakkaroni auf ein und demselben Teller groß geworden, und manchmal, wenn ich Oma besonders vermisse, bitte ich Mama, Sahnemakkaroni und Kartoffeln zu kochen, wenn ich das nächste Mal zu Besuch bin. Das endet dann meist so, dass ich zu viel esse und danach platt und satt auf dem Sofa liege.

Ich mag Kartoffeln immer noch, aber ich muss einräumen, dass ich sie sehr selten, eigentlich fast nie, gekocht esse. Es gibt nur eine Ausnahme, und zwar, wenn ich neue Kartoffeln vom Hof in der Nähe unseres Ferienhäuschens in Stavern bekommen kann. Dann isst die ganze Familie nur in Salzwasser gekochte neue Kartoffeln mit obszönen Mengen an Butter. Gibt es etwas Besseres? Mein Vater würde behaupten, dass junger Kohl mit einer entsprechenden Menge an Butter mit den Kartoffeln mithalten kann, aber da bin ich mir nicht so sicher.

Erstens: Kartoffeln enthalten nicht mehr Kohlenhydrate als Nudeln oder Reis. Das ist ein Mythos. Zweitens: Sie werden es nicht schaffen, Berge von Kartoffeln zu essen (es sei denn, Sie essen neue Kartoffeln mit obszönen Mengen Butter, wie gesagt). Es gibt unglaublich viele verschiedene Kartoffelsorten, und es ist nicht ganz einfach, die Sorten zu finden, die Ihnen am besten schmecken und am besten zu dem passen, was Sie kochen wollen.

Festkochende Kartoffeln eignen sich – wie der Name schon sagt – am besten zum Kochen. Sie enthalten die meiste Stärke und werden dort verwendet, wo die Kartoffel immer noch die Form einer Kartoffel behalten soll – um es vereinfacht auszudrücken. Amandine, Beate und Asterix sind gute festkochende Kartoffeln. Einige Sorten haben eine weiße Schale und ein weißes Fleisch, während andere eine rote Schale und gelbliches Fleisch haben. Für Ofenkartoffeln oder gebackene Kartoffelspalten eignen sich festkochende Kartoffeln am besten, und für Kartoffelfladen kommt eigentlich nur die Sorte Beate infrage (sagen jedenfalls Oma und Mama).

Mehlige Kartoffeln eignen sich am besten für Kartoffelpüree. Mandelkartoffeln, Kerrs Pink und Pimpernel sind mehlige Sorten. Mandelkartoffeln gelten oft als Gourmetkartoffel, ich nenne sie auch Weihnachtskartoffel.

Bei näherer Beschäftigung mit Kartoffeln wüsste ich ja gern, woher all diese Kartoffelsorten ihre Namen haben. Sie klingen wie ein bunter Haufen von Menschen, die ich gerne zu einer Party einladen würde! Einen Tanz mit Kerrs Pink, Anstoßen mit Beate und eine angeregte Diskussion mit Asterix? Ich wäre dabei.

Viele schälen die Kartoffeln. Ich finde, damit sollten sie sofort aufhören. Denn in der Schale sitzen die meisten Nährstoffe. Die Kartoffel enthält Kalium, Eisen und Mangan. Sie hat einen niedrigen Fettgehalt und liefert ziemlich viel Energie. Außerdem sitzt in der Schale der meiste Geschmack, daher sollte man die Kartoffel in den meisten Kontexten lieber gründlich waschen und mit Schale verarbeiten.

Auch wenn wir sie nicht kochen wollen, lässt sich die Kartoffel sehr vielseitig verwenden. Zunächst einmal sind Ofenkartoffeln auf ihre so perfekte Art das beste Essen der Welt, vor allem, wenn man sie mit einer genauso guten Chilimayonnaise isst. In jeder Gemüsesuppe sind Kartoffeln obligatorisch, ebenso auf einem Blech voller Wurzelgemüse aus dem Ofen. Und last but not least ist es geradezu pure Notwendigkeit, Kartoffelpüree mit Knoblauch und Brokkoli zu essen, und zwar so häufig wie möglich.

Zum Thema Salz und Kartoffeln wird eine Diskussion geführt, die so alt ist wie die Kartoffel selbst, und ich will hier nicht so viel dazu sagen – abgesehen davon, dass Sie beim Kochen der Kartoffeln das Salz getrost weglassen können, beim Backen aber lieber Salz dazugeben sollten.

KARTOFFELPIZZA
MIT KNOBLAUCH UND KRÄUTERN

Wenn Sie mich fragen, sind die besten Pizzen die, welche nicht mit einem Berg an Zutaten belegt sind. Wenn es so wenige sind wie hier, kommen alle Zutaten zur Geltung, und Sie werden alles, womit Sie Ihre Pizza belegt haben, auch schmecken. Obendrein liegt sie nicht so schwer im Magen. Sie können sie entweder als Vorspeise servieren oder als Hauptgericht zusammen mit einer großen Schüssel grünem Salat mit Gurkenstücken, Artischockenherzen, Oliven, knackigen Zuckerschoten, Frühlingszwiebeln und einigen Stücken rohem Brokkoli. Und mehr habe ich dazu nicht zu sagen!

Für den Pizzateig nehme ich am liebsten frische Hefe, Tipo-00-Mehl und Olivenöl. Das klingt nach Feinschmecker-Attitüde, aber wenn die Pizza aus so wenigen Komponenten besteht, ist es umso wichtiger, dass das, was Sie verarbeiten, besonders gut ist. Pizzamehl oder Tipo-00-Mehl, das etwas feiner vermahlen ist als normales Weizenmehl, finden Sie inzwischen in vielen Supermärkten. Durch das Olivenöl lässt sich der Teig zum einen geschmeidiger verarbeiten, zum anderen wird der Rand schön knusprig. Und gut schmeckt es natürlich auch. Frische Hefe können Sie problemlos durch Trockenhefe ersetzen. Gründliches Kneten ist wichtig für einen guten Pizzaboden. Mein Pizzateig basiert auf dem Rezept des Restaurants Villa Paradiso in Oslo und reicht für 2 Pizzaböden.

◆

Lauwarmes Wasser, Öl, Zucker und Hefe in der Rührschüssel verrühren, bis die festen Zutaten sich aufgelöst haben, dann Salz und Mehl hinzufügen (nicht alles auf einmal). Bei niedriger Geschwindigkeit in der Küchenmaschine ca. 10 Minuten kneten, bis der Teig fest und geschmeidig ist. Ggf. Mehl und Wasser zugeben, bis der Teig die gewünschte Konsistenz hat. Er muss sich leicht von der Schüssel lösen. Den Teig ca. 1 Stunde gehen lassen, dann aus der Schüssel nehmen und in Rohlinge teilen, die nur leicht geknetet und dann zu Kugeln geformt werden. Mit den Händen oder einem Nudelholz 2 Pizzaböden in der gewünschten Dicke formen.

Mit einem kleinen scharfen Messer Kartoffeln in dünne Scheiben schneiden oder auf der Mandoline reiben. Die Scheiben dicht an dicht – nebeneinander, nicht übereinander – auf die Pizzaböden legen, gerne auch in einem Muster. Den Knoblauch und die Kräuter grob hacken und die Kartoffeln damit bestreuen. Die Schalotten in dünne Scheiben schneiden und darauf verteilen. Anschließend mit Pinienkernen, Salz und Pfeffer bestreuen. Mit Olivenöl beträufeln. Wenn Sie Käse mögen, können Sie zum Schluss noch etwas Feta darüber zerbröseln.

Die Pizzen nacheinander im Ofen 10–12 Minuten backen, bis sie goldgelb und knusprig und die Kartoffeln gar sind. Am besten werden die Pizzen im vorgeheizten Ofen. Stellen Sie ihn also auf höchste Stufe, während der Teig geht, sodass er mehr als heiß ist, wenn die Pizza hineinkommt. Sie können auch das Backblech, das Sie benutzen wollen, beim Vorheizen in den Ofen stellen.

FÜR 2 PORTIONEN

5–10 KLEINE KARTOFFELN MIT HELLER SCHALE

2 KNOBLAUCHZEHEN

4 EL GROB GEHACKTE FRISCHE KRÄUTER (THYMIAN UND/ODER ROSMARIN)

1–2 SCHALOTTEN

4 EL PINIENKERNE

1–2 TL MEERSALZ

1–2 TL GROB GEMAHLENER PFEFFER

1–2 EL GUTES OLIVENÖL

EVTL. ETWAS FETA

PIZZATEIG

150 ML LAUWARMES WASSER

25 ML GUTES OLIVENÖL

¼ EL WEISSER ZUCKER

3 G FRISCHE HEFE ODER GGF. 1 G TROCKENHEFE

¼ EL GUTES SALZ

250 G TIPO-00-MEHL (ITALIENISCHES WEIZENMEHL)

ENCHILADAS
MIT SÜSSKARTOFFELN UND LIMETTENSOSSE

Im Backofen wird alles gut. Das ist eines meiner vielen Küchen-Mantras, ungefähr auf der gleichen Stufe mit „Das Essen ist fertig, wenn es fertig ist." Beide Sätze sind wahr, wenn es um Enchiladas geht. Ihr Duft, wenn sie aus dem Ofen genommen werden – es gibt wenig, was sich damit messen kann. Wenn Sie dann noch eine perfekt reife Avocado in Scheiben schneiden und ein paar Spritzer von der säuerlichen und frischen Limettensoße daraufgeben, bleibt nichts mehr zu tun, als zu entspannen und das Leben zu genießen.

Meine Lieblings-Gewürzkombi bei mexikanischem Essen besteht aus Cayennepfeffer, Kreuzkümmel (nicht zu verwechseln mit Kümmel) und Zimt. Das mit dem Zimt klingt vielleicht seltsam, denn bei uns wird er ja eher für süße Gerichte verwendet, aber glauben Sie mir: Es ist eine Kombination, die Sie lieben werden, sobald Sie sie probiert haben. Kürbiskerne verleihen diesem Gericht eine wirklich leckere Geschmacksdimension, dazu verarbeite ich einen kleinen Esslöffel voll Nährhefe für den Geschmack.

FÜR 4 PORTIONEN

8 MAIS- ODER WEIZENFLADEN
    MITTLERER GRÖSSE

TOPPING

AVOCADO, TOMATEN, GRÜNER SALAT,
    SRIRACHA ODER EINE ANDERE
    CHILISOSSE, KORIANDER, LIMETTE

FÜLLUNG

1 GROSSE SÜSSKARTOFFEL

RAPSÖL

1 TL CAYENNEPFEFFER ODER CHILI-
    PULVER

1 TL KREUZKÜMMEL

1 TL ZIMT

1 TL SALZ

1 DOSE KIDNEYBOHNEN

1 DOSE MAIS

SOSSE

1 GROSSE/3 KLEINE SCHALOTTEN

1 MITTELGROSSER FRISCHER JALAPEÑO
    ODER CHILI

3 KNOBLAUCHZEHEN

RAPSÖL

SALZ

1 DOSE GEHACKTE TOMATEN

100 ML WASSER

1 TL GEKÖRNTE BRÜHE

KÜRBISKERNSTREUSEL

75 G KÜRBISKERNE

½ TL SALZ

½ TL KNOBLAUCHPULVER

1 EL NÄHRHEFE (OPTIONAL)

LIMETTENSOSSE

100 G CASHEWKERNE

100–200 ML WASSER

SAFT VON 2 LIMETTEN

SALZ

Den Ofen auf 200 °C vorheizen und ein Backblech mit Backpapier auslegen. Süßkartoffel schälen, würfeln und mit Rapsöl und den Gewürzen mischen. In den vorgeheizten Backofen geben und dort 15–20 Minuten backen, bis sie gar und gebräunt sind. Kidneybohnen und Mais abspülen, mischen und zur Seite stellen.

Während der Ofen vorheizt, die Soße zubereiten. Schalotten, Jalapeño und Knoblauch fein hacken, Schalotten in etwas Öl mit einer Prise Salz anschwitzen. Wenn die Schalotten glasig und weich sind, Jalapeños und Knoblauch unterrühren. Nach ein paar Minuten Tomaten, Wasser und gekörnte Brühe dazugeben. 5–10 Minuten köcheln lassen, während die Süßkartoffeln im Ofen sind. Nach Bedarf im Mixer glatt pürieren.

Für die Kürbiskernstreusel zunächst die Kürbiskerne in einer trockenen Pfanne rösten, bis sie zu poppen beginnen. Dann in einen Mixer oder eine Küchenmaschine geben und mit Salz, Knoblauchpulver und ggf. Nährhefe zu einem groben Pulver verarbeiten. In eine Schüssel umfüllen und zur Seite stellen.

Falls Sie am Abend vorher daran denken, die Cashewkerne einweichen. Falls nicht, diese 10 Minuten kochen und das Wasser abgießen. Cashewkerne, Wasser, Limettensaft und eine Prise Salz im Mixer zu einer feinen Soße verarbeiten. Nach Belieben etwas Limettenschale abreiben und in die Soße rühren. Bis zum Servieren kaltstellen. Alternativ können Sie auch Sauerrahm abgeschmeckt mit etwas Limette nehmen.

Wenn die Süßkartoffeln fast weich und braun sind, die Fladen bereitlegen. Süßkartoffeln, Mais und Kidneybohnen mit ein paar TL Kürbiskernstreusel auf die Fladen geben, diese zusammenrollen und mit der Naht nach unten in eine feuerfeste Form legen. Sie können Süßkartoffeln, Bohnen und Mais komplett verbrauchen, lassen Sie aber noch ein paar TL Kürbiskernstreusel übrig. Wenn alle Fladen aufgerollt sind, mit Tomatensoße begießen und mit der restlichen Kürbiskernmischung bestreuen.

Das Ganze bei 200 °C in den Ofen stellen und 10–15 Minuten backen, bis die Ränder schön braun sind. Mit Limettensoße, Salat, Avocado, Koriander und ggf. etwas Chilisoße servieren.

KARTOFFELSUPPE
MIT KNOBLAUCH UND BUTTERBOHNEN

Als ich jünger war, nannte Papa mich sein Kartoffelmädchen. Nicht weil ich nichts anderes aß, sondern weil ich Kartoffeln liebte. Kartoffeln mit Soße, Kartoffeln mit Butter, Kartoffeln als Beilage, Kartoffeln als Zutat, Kartoffeln als Belag ... und gegen Kartoffelpüree hatte ich auch nichts einzuwenden.

FÜR 4 PORTIONEN

BUTTER ODER NEUTRALES ÖL

1 GELBE ZWIEBEL

2 STANGEN SELLERIE

SALZ

2 KNOBLAUCHZEHEN

500 G HELLE KARTOFFELN + 1 ZUSÄTZ-
  LICHE KARTOFFEL ALS EINLAGE

½ L WASSER

1 EL GEKÖRNTE BRÜHE/FOND

OLIVENÖL

1 DOSE BUTTERBOHNEN/GROSSE
  WEISSE BOHNEN

PFEFFER

SUPPENEINLAGE

1 KLEINE HANDVOLL MANDELN

1 GROSSE HANDVOLL PFIFFERLINGE
  ODER ANDERE PILZE

FRISCHE PETERSILIE

Die verlässliche Kartoffel bekommt in dieser Suppe Gesellschaft von grünen Selleriestangen, aromatischer Zwiebel und Knoblauch. Eine Dose Butterbohnen macht die Suppe herrlich cremig und dient außerdem als Proteinlieferant schlechthin. Bei der Einlage können Sie sich austoben. Meine Favoriten sind knusprig gebratene Kartoffelscheiben mit Salz, geröstete Mandeln, frische Petersilie und knusprige Pilze. Ein herrlicher Kontrast zur sahnigen Suppe. Im Herbst, wenn Pilzsaison ist, schmecken knusprig gebratene Pfifferlinge mit den knackigen Kartoffelchips zusammen einfach himmlisch, und außerhalb der Pfifferlingsaison können Sie Portobellopilze, braune oder weiße Champignons nehmen. Aber sie müssen schön knusprig werden!

In einem Topf mit dickem Boden bei mittlerer Hitze etwas neutrales Öl oder einen reichlichen Klecks Butter (ca. 1 EL) erhitzen. Zwiebel und Selleriestangen grob hacken und mit einer Prise Salz im Topf anschwitzen. Knoblauchzehen schälen (sie müssen nicht gehackt werden) und in den Topf geben.

Während das Ganze brät, die Kartoffeln waschen und klein schneiden, bevor sie auch in den Topf kommen. Reichlich Salz aus der Mühle zugeben und mit Wasser, Fond/Brühe und ein paar Tropfen Olivenöl aufgießen. Aufkochen lassen und die abgespülten Butterbohnen dazugeben, wenn das Wasser kocht. Zugedeckt köcheln lassen.

In einer Pfanne ohne Fett die grob gehackten Mandeln bei mittlerer Hitze rösten, bis sie goldgelb werden. Die zusätzliche Kartoffel hauchdünn schneiden (am besten auf der Mandoline) und bei hoher Temperatur in einer Mischung aus Butter oder neutralem Öl und Olivenöl braten. Auf Küchenpapier abtropfen lassen und mit etwas Salz bestreuen. Die Pilze bereiten Sie ganz zum Schluss zu, wenn die Suppe fertig ist. Zunächst putzen, dann in einem Klecks Butter oder Öl braten.

Ist die Suppe fertig, d. h. wenn die Kartoffeln weich sind (nach ca. 15–20 Minuten), den Topf vom Herd nehmen und die Suppe mit dem Stabmixer glatt pürieren. Aufpassen, dass es nicht spritzt! Mit Olivenöl, Salz und Pfeffer abschmecken, bevor Sie die Suppeneinlage hinzugeben und mit frischer Petersilie garnieren.

DIE WELTBESTEN
OFENKARTOFFELN

Ich gebe zu: Zu diesen Kartoffeln brauche ich nicht mehr als einen grünen Salat und ein einfaches Dressing. Vor allem, wenn ich alleine zu Hause bin. Das liegt vor allem daran, dass diese Kartoffeln eine Sonderbehandlung bekommen. Es spricht nichts dagegen, sie als Beilage zu servieren, so verfährt man mit Kartoffeln ja meistens. Aber ich stehe dazu: Ich esse sie auch einfach so zu Mittag, wie sie sind!

FÜR 4 PORTIONEN

3 KNOBLAUCHZEHEN

1 EL GUTE BUTTER ODER OLIVENÖL

1 EL GUTES OLIVENÖL

500 G KLEINE KARTOFFELN

1 TL MEERSALZ

FRISCH GEMAHLENER PFEFFER

1 EL FRISCHER ROSMARIN

2 EL FRISCHER THYMIAN

½ ZITRONE

Wenn es wie hier eine Spezialbehandlung sein soll, darf eine Zutat auf keinen Fall fehlen: frische Kräuter. Wenn die Geschmackskomposition aus nur wenigen Komponenten besteht, kann nichts weggelassen werden. Ich nehme Rosmarin und Thymian, weil ich finde, dass das eine ganz ausgezeichnete Kombination ist, aber natürlich spricht nichts dagegen, nur eines der beiden Kräuter zu verwenden. Beide sind extrem aromatisch, robust, geben viel Geschmack ab und vertragen eine Bearbeitung im Mörser. Auch Knoblauch ist wichtig, nicht zu vergessen frische Zitrone.

Bei den Kartoffeln verwende ich möglichst kleine Kartoffeln mit dünner, weißer Schale. Und ich schäle sie nicht. In der Schale sitzen die meisten Nährstoffe, daher sollten Sie sie nur gründlich waschen.

Den Ofen auf 200 °C vorheizen. Einen Topf mit dickem Boden oder eine Pfanne bereitstellen. Für 500 g Kartoffeln reicht eine Pfanne, bei einer größeren Menge sollten Sie einen Topf wählen – ich entscheide mich bei diesem Gericht meist für einen aus Gusseisen.

Knoblauchzehen grob hacken und zusammen mit Butter und Olivenöl in den Topf geben. Den Herd auf mittlere Stufe einstellen, und, während Öl, Butter und Knoblauch langsam heiß werden und anschwitzen, die gewaschenen Kartoffeln je nach Größe halbieren, vierteln oder sechsteln.

Die Kartoffelstücke in den Topf geben und umrühren, sodass alle mit der Butter-/Ölmischung bedeckt sind. Mit Salz und Pfeffer bestreuen und ein paar Minuten anbraten, während Sie die Kräuter grob hacken. Diese unterheben und die Kartoffeln weitere 5–6 Minuten braten, bis sie an den Rändern goldbraun werden und Sie an den Schnittflächen sehen können, dass sie am Rand gar werden.

Den Saft einer halben Zitrone über den Kartoffeln auspressen, gut umrühren und alles in eine feuerfeste Form füllen. Die Form in den Ofen stellen und bei 200 °C 10–15 Minuten garen. Zwischendurch testen, ob die Kartoffeln gar sind.

KARTOFFELSALAT
MIT GRÜNEM SPARGEL, ÄPFELN UND ARTISCHOCKENCREME

Es ist so schön, wenn Essen Erinnerungen weckt. Der Geschmack von Erdbeeren ist für die meisten von uns eng verknüpft mit dem Gefühl von Sonne in den Augen, Orangen schmecken nach Schnee und Winter, und für mich löst Kartoffelsalat das gleiche Gefühl aus wie das Gras unter meinen Füßen bei unserem Ferienhäuschen in Stavern.

FÜR 4 PORTIONEN

1 KG FESTKOCHENDE KARTOFFELN

SALZ

4 EL OLIVENÖL

1 EL DIJONSENF

SAFT VON 1 KLEINEN ZITRONE

1 TL APFELESSIG

½ TL GROB GEMAHLENER PFEFFER

200 G GRÜNER SPARGEL, AM BESTEN
    KLEINE STANGEN

150 G FRISCHE GRÜNE BOHNEN

2 GRÜNE ÄPFEL

2 FRÜHLINGSZWIEBELN

4 EL FEIN GEHACKTER SCHNITTLAUCH

2–3 EL KAPERN

ARTISCHOCKENCREME

1 DOSE ARTISCHOCKENHERZEN

1 DOSE WEISSE BOHNEN ODER BUTTER-
    BOHNEN

½ ZITRONE

1 KNOBLAUCHZEHE

1 EL OLIVENÖL

½ TL SALZ

½ TL CHILIFLOCKEN ODER -PULVER

Vielleicht, weil ich dort zum ersten Mal einen leichteren Kartoffelsalat wie diesen zubereitete, vielleicht, weil wir fast nur grillen, wenn wir dort sind, und sich Kartoffelsalat vorzüglich als Grillbeilage eignet. Vielleicht steckt aber auch etwas ganz anderes dahinter. Egal, was es ist, dieser Kartoffelsalat bringt mich zurück zu den Sommerabenden am Meer.

Kartoffeln waschen und halbieren oder längs vierteln und in einen geräumigen Topf geben. Mit kaltem Wasser aufgießen und eine Prise Salz hinzugeben, dann die Kartoffeln aufkochen lassen und kochen, bis sie weich sind.

In einer großen Schüssel Olivenöl, Dijonsenf, Zitronensaft, Apfelessig, ½ TL Salz und Pfeffer verrühren. Das Dressing abschmecken, bis es die für Sie richtige Säure hat.

Spargel und grüne Bohnen putzen, halbieren oder vierteln, wenn Sie kleinere Stücke mögen. In einen Durchschlag geben und diesen für 3–4 Minuten über die kochenden Kartoffeln hängen, dann mit kaltem Wasser abspülen. Zur Seite stellen. Äpfel würfeln, Frühlingszwiebeln und Schnittlauch fein hacken und mit den Kapern zur Seite stellen.

Für die Zubereitung der Artischockencreme Artischockenherzen und Bohnen gründlich unter kaltem Wasser abspülen, dann alle Zutaten in einer Küchenmaschine oder einem Mixer zu einer feinen Creme verarbeiten.

Wenn die Kartoffeln gar sind, abkühlen lassen, bis sie lauwarm sind, dann in der Schüssel mit dem Dressing vermengen. Ich verwende dafür meist einen Teigschaber, damit die weichen Kartoffeln nicht zerdrückt werden. Das Gemüse mit den Kartoffeln vermengen und den Salat mit der Artischockencreme servieren.

SCHNELLE TOSTADAS MIT SÜSSKARTOFFELN UND SCHWARZEN BOHNEN

Wenn Sie glauben, Tostadas seien etwas Neues, von dem Sie noch nie etwas gehört haben und das Sie sicher nicht zubereiten können, kann ich Sie beruhigen: Sie irren sich. Was ich bei der Erforschung neuer Essenstraditionen am meisten liebe, ist herauszufinden, welche Aspekte alle Essenstraditionen gemeinsam haben. Ich habe z.B. festgestellt, dass alle Esskulturen auf irgendeine Weise altes Brot verarbeiten. Toast ist ein Klassiker, Brotpudding ist weltweit verbreitet, ebenso wie Croûtons.

Tostadas sind nichts anderes als eine Möglichkeit, Tortillas vom Vortag aufzubrauchen. Statt sie frisch gebacken oder aus dem Ofen zu essen, werden diese kurz vor dem Servieren in der Pfanne knusprig gebraten. Ich halte das für eine hervorragende Idee, vor allem wenn ich gekaufte Fladen verarbeite, die ich nicht alle auf einmal aufbrauchen konnte. Dann ist dieses Gericht mein Favorit. Wenn Sie nur frische Fladen haben, können Sie sie natürlich trotzdem braten. Alternativ erwärmen Sie sie wie gewohnt im Ofen und füllen sie als Burrito oder Wrap. Dies ist ein ganz schnelles Gericht. Das einzige, was etwas Zeit braucht, sind die Süßkartoffeln im Ofen. Sie brauchen gerade so lang, wie es dauert, die Spülmaschine auszuräumen und noch vor dem Mittagessen eine Maschine Wäsche anzustellen. Praktisch, oder?

Den Ofen auf 200 °C vorheizen und ein Backblech mit Backpapier auslegen. Süßkartoffel schälen und würfeln. Das Öl und die Gewürze gründlich mit den Süßkartoffelwürfeln vermengen. Auf dem Backblech verteilen und im Ofen 10–15 Minuten backen.

Die Avocado schälen und das Fleisch in eine Schüssel geben. Knoblauchzehe reiben, Limette auspressen und beides über die Avocado geben. Olivenöl und Salz zugeben und alles mit einer Gabel zu einem groben Mus verarbeiten. Sie können den Koriander und die rote Zwiebel in Würfeln auch unter die Guacamole rühren, statt sie als Topping zu verwenden.

Die Bohnen gründlich unter kaltem Wasser abspülen, bis das Wasser klar ist, und in einem kleinen Topf oder einer Pfanne mit ein paar TL Öl und einer ordentlichen Prise Salz erhitzen.

Wenn die Füllung fertig ist, eine Bratpfanne auf höchster Stufe erhitzen und ein paar Tropfen Öl (kein Olivenöl!) hineingeben. Die Fladen nacheinander in die Pfanne legen, nur ein paar Sekunden von jeder Seite, bis sie leicht knusprig und an den Rändern gebräunt sind. Auf jede Tostada ein paar EL Guacamole verteilen und mit Bohnen und Süßkartoffeln belegen. Mit frischem Koriander bestreuen und mit Sriracha nach Geschmack beträufeln. Ein Stück Limette darüber ausdrücken, Tomaten, Zwiebeln, Jalapeño und ggf. Salsa daraufgeben – und genießen!

FÜR 2 PORTIONEN

1 DOSE SCHWARZE BOHNEN ODER KIDNEYBOHNEN

RAPS- ODER EIN ANDERES GESCHMACKSNEUTRALES ÖL

4 MAISTORTILLAS ODER WEIZEN-FLADEN

FRISCHER KORIANDER

SRIRACHA (ODER EINE ANDERE CHILISOSSE)

½ LIMETTE IN SPALTEN

1 HANDVOLL KIRSCHTOMATEN IN SPALTEN

½ ROTE ZWIEBEL IN DÜNNEN SCHEIBEN

½ JALAPEÑO ODER GRÜNER CHILI IN DÜNNEN SCHEIBEN

WÜRZIGE SÜSSKARTOFFELN

1 MITTELGROSSE SÜSSKARTOFFEL

1 TL RAPSÖL

½ TL CHILIPULVER (VORSICHTIG DOSIEREN!)

1 TL KREUZKÜMMEL

½ TL ZIMT

1 TL SALZ

CHUNKY GUACAMOLE

1 REIFE AVOCADO

1 KNOBLAUCHZEHE

1 TL LIMETTENSAFT

1 EL OLIVENÖL

1 PRISE SALZ

KOHL, BLUMENKOHL UND ROSENKOHL

Der Robusteste von allen

In Omas Gemüsegarten hat mich der Blumenkohl am meisten beeindruckt. Die Köpfe standen dort zierlich in Reih und Glied, sie brauchten viel Platz, denn sie bereiteten sich ihr eigenes Bett aus kräftigen, grünen Blättern, und sie nahmen sich viel Zeit zum Wachsen.

Ich war natürlich ungeduldig und wollte den Blumenkohl so schnell ernten wie die Zuckererbsen. „Sie müssen erst groß und stark werden, genau wie Du", sagte Oma jedes Mal, wenn ich sie fragte, ob wir sie nicht bald ernten könnten. Zwei Monate müssen Blumenkohl und Brokkoli in Ruhe wachsen, der Weißkohl braucht vier Monate und der Rosenkohl sogar sechs.

Daran denken wir nicht, wenn wir eilig eine Tüte fertig geputzten Rosenkohl oder einen Blumenkohl, der etwas größer ist als die anderen, greifen oder wenn wir den Brokkoli wegwerfen, der an den Rändern nach einigen Tagen zu lange im Kühlschrank weich geworden ist.

Wir haben auch vergessen, darüber zu sprechen, wie gesund und zuverlässig Kohl ist. Wir Menschen bauen seit mehr als 6.000 Jahren Kohl an, und das nicht zum Vergnügen. Hippokrates nannte den Kohl das „Gemüse mit den tausend Tugenden", und in der Medizin hat sich gezeigt, dass Kohl krebsvorbeugend wirken kann. Ballaststoffe, Vitamin C und Folat, das wichtig ist, um Eisen aufnehmen zu können, nehmen Sie auch durch den Verzehr von Kohl zu sich.

Wir haben mit anderen Worten ein Verbrechen gegen Blumenkohl, Brokkoli, Rosenkohl, Grünkohl, Weißkohl, Sommerkohl und Rotkohl begangen. Wir haben sie übersehen. Wir haben uns mehr um leichtere und elegantere Gemüsesorten gekümmert. Den Blumenkohl im Regal links liegengelassen. Nun, seine Zeit ist gekommen! Damit ist jetzt Schluss! Halten Sie inne, wenn Sie einen Kohlkopf sehen. Betrachten Sie ihn, denken Sie daran, dass er vier Monate in der Erde gebraucht hat, um genau dorthin zu gelangen, wo Sie jetzt stehen. Nehmen Sie ihn mit nach Hause. Verarbeiten Sie ihn zu etwas wirklich Leckerem. Experimentieren Sie mit diesem fantastischen, abgehärteten und robusten Gemüse, das Generation über Generation satt gemacht hat. Generationen, die mühsam das Feld bearbeitet und auf die ganze Kohlfamilie aufgepasst haben, die langsam, aber sicher immer größer und stärker wurde. Genau wie Sie und ich.

ROSENKOHL
AUS DER PFANNE MIT GRANATAPFEL

Ich liebe Rosenkohl! Bei diesem Rezept wird der nussige und leicht bittere Minikohl in guter Butter und Olivenöl gebraten, bevor ich ihn leicht in Honig, Sesam und Granatapfelkernen schwenke. Es gibt süße und säuerliche Granatäpfel, und beide eignen sich hier gleich gut. Vielleicht die säuerlichen ein wenig mehr, weil sie zur Süße des Honigs einen schönen Kontrast bilden.

BEILAGE FÜR 4 PORTIONEN

3–4 EL SESAM, AM BESTEN IN EINER TROCKENEN PFANNE GERÖSTET

1 PACKUNG FRISCHER ROSENKOHL

½ ROTE ZWIEBEL

2 EL NEUTRALES ÖL, SONNENBLUMEN- ODER RAPSÖL

2 EL GUTE BUTTER ODER OLIVENÖL

1 PRISE SALZ

1–2 EL AKAZIENHONIG ODER AGAVEN- SIRUP

1 GRANATAPFEL, NUR DIE KERNE

Bei diesem Rezept ist der Trick, den Rosenkohl in der Pfanne in Ruhe zu lassen und den richtigen Moment zwischen gebraten und angebrannt zu erwischen, denn anbrennen soll er natürlich nicht, wohl aber kurz davor sein. Alle Rosenkohlhälften werden mit der Schnittfläche nach unten in der Pfanne gebraten, damit die Hitze im Rosenkohl aufsteigt und ihn von innen gart. Schmeckt besonders gut zu Couscous, Tabouleh mit frischer Minze und Gemüse oder einigen Scheiben gebratenem Halloumi.

Wenn Sie Sesam haben, der noch nicht geröstet ist, rösten Sie ihn in der trockenen Pfanne, bevor Sie den Rosenkohl braten. Passen Sie auf, dass er nicht anbrennt. Auf einem Teller zur Seite stellen.

Den Rosenkohl putzen, indem Sie den Strunk abschneiden, den Kohl halbieren und die äußersten Blätter entfernen, wenn diese nicht mehr gut aussehen. Rote Zwiebel in Spalten schneiden.

In einer Pfanne (am besten mit dickem Boden und Deckel) etwas Öl erhitzen und Rosenkohl und Zwiebelspalten hineingeben, wenn das Öl durchsichtig und heiß ist. Alle Rosenkohlhälften so drehen, dass sie mit der Schnittfläche nach unten liegen. Bei mittlerer/starker Hitze den Rosenkohl in der Pfanne liegen lassen. Sie sollten sich um nichts anderes kümmern als darum, dass der Rosenkohl nicht schwarz wird.

Ist der Rosenkohl an der Schnittfläche gebräunt, die Butter dazugeben, den Rosenkohl ggf. mit Olivenöl beträufeln, mit einem Hauch Salz bestreuen und den Deckel auflegen. So 3–4 Minuten stehen lassen, dann den Kohl leicht schwenken. Mit Honig beträufeln und in der Pfanne leicht karamellisieren.

Rosenkohl und Zwiebeln auf eine Servierplatte geben, mit Sesam und Granatapfelkernen bestreuen und sofort servieren.

BLUMENKOHL, BROKKOLI UND KICHERERBSEN
MIT ZITRONEN-TAHINI-DRESSING

Viele Jahre lang war dies bei uns zu Hause ein Alltagsklassiker. Das Gemüse kommt im Ofen alleine klar. Sie müssen nur ein Dressing anrühren und ziehen lassen. Und die Zeit, während man auf das Mittagessen wartet, kann man prima für etwas anderes nutzen.

Blumenkohl, Brokkoli und Knoblauch sind immer dabei, und je nachdem, welches Gemüse sich im Kühlschrank noch findet, darf es auch noch dazu. Möhren sind super, Rote Bete auch. Die Knoblauchzehen werden ganz gebacken und entwickeln sich dadurch zu süßen Geschmacksbomben, und um das noch zu toppen, rühre ich ein Zitronen-Tahini-Dressing zusammen. Davon bereite ich gerne eine doppelte Portion zu und stelle es in einem Glas in den Kühlschrank – für ein anderes, leckeres Gericht.

Den Ofen auf 200 °C vorheizen und zunächst das Gemüse waschen. Brokkoli und Blumenkohl mit den Händen in Röschen teilen. Zerstören Sie den schönen Gemüseblumenstrauß nicht mit einem Messer! Auch der Strunk kann verarbeitet werden – einfach schälen und in Würfel schneiden. Die Knoblauchzehen nicht schälen, sie gelingen am besten, wenn sie gebacken werden, wie sie sind. Die Kichererbsen abspülen und alles bis auf den Brokkoli auf ein mit Backpapier ausgelegtes Backblech legen. Mit Olivenöl beträufeln und mit Salz und Pfeffer würzen. Das Ganze gründlich durchmischen und dann auf mittlerer Schiene in den Ofen stellen. Nach etwa 10 Minuten den Brokkoli untermengen, seine Garzeit ist kürzer.

Wie lange das Gemüse im Ofen bleiben muss, hängt davon ab, wie voll das Backblech ist, wie groß die Stücke sind und wie viel Wasser sie enthalten. Beginnen Sie zunächst mit 10–15 Minuten und probieren Sie zwischendurch ein Stück, um die Konsistenz zu prüfen. Am besten schmeckt der Blumenkohl, wenn er goldbraun und an den Rändern leicht knusprig ist.

Für das Dressing werden ganz einfach alle Zutaten in einer Schüssel verrührt. Um Ingwer und Knoblauch zu reiben, benutze ich eine kleine Reibe. Abschmecken nicht vergessen – die Süße des Dressings hängt davon ab, wie süß die Orange und wie sauer die Zitrone ist. Also immer wieder probieren, Zutaten hinzufügen, umrühren und wieder probieren. Um den Geschmack abzurunden, können Sie auch noch etwas Agavensirup oder Honig zugeben. Mit Sesam bestreut servieren.

FÜR 4 PORTIONEN

1 BROKKOLI

1 BLUMENKOHL

4–5 GANZE KNOBLAUCHZEHEN

1 DOSE GEKOCHTE KICHERERBSEN

1–2 EL OLIVENÖL

1 TL SALZ

1 TL FRISCH GEMAHLENER PFEFFER

SESAM ZUM BESTREUEN

ZITRONEN-TAHINI-DRESSING

SAFT VON ½ ORANGE

SAFT VON ½ ZITRONE

2 EL TAHINI

1 EL APFELESSIG

2 EL DIJONSENF

1 EL GERIEBENER INGWER

2 GERIEBENE KNOBLAUCHZEHEN

½ TL SALZ

ETWAS FRISCH GEMAHLENER PFEFFER

OMAS
GEMÜSESUPPE

Als ich klein war, gab es nichts Besseres als Omas Gemüsesuppe. Ich bin in dem Haus aufgewachsen, in dem sie lebte, ich durfte mit ihr zum Einkaufen gehen, und ich durfte dabei sein, wenn sie das Essen zubereitete, das immer genau dann fertig war, wenn der Rest der Familie zur Tür hereinkam.

FÜR 4 PORTIONEN

TEIL 1

1 GELBE ZWIEBEL

3–4 KNOBLAUCHZEHEN

2 STANGEN LAUCH

2–3 EL GERIEBENER MEERRETTICH

2–3 EL GERIEBENE PETERSILIENWURZEL

1–2 EL BUTTER ODER NEUTRALES ÖL

2 EL FEIN GEHACKTER THYMIAN

2–3 EL FRISCHER FEIN GEHACKTER
   ROSMARIN

SALZ

GROB GEMAHLENER PFEFFER

1 L WASSER

2–3 LORBEERBLÄTTER

TEIL 2

5–6 KLEINE KARTOFFELN

2–3 MÖHREN

¼ STECKRÜBE

½ KLEINE SELLERIEKNOLLE

½ KLEINER KOHLKOPF

Meine Familie ist in dieser Hinsicht ziemlich verwöhnt. 15 Jahre lang kamen wir mittags nach Hause und setzten uns an den gedeckten Tisch, die Erwachsenen genauso wie die Kinder. Und heute, jedes Mal wenn ich Gerichte wie dieses zubereite, höre ich Omas sanftes Lachen, wenn ich in den Töpfen rühre und die Daumen drücke, dass es hoffentlich wenigstens ein bisschen so schmeckt wie in Omas Küche.

In dieser Gemüsesuppe steckt jede Menge Wurzelgemüse, weshalb Sie auch keine gekörnte Brühe brauchen. Bei der Einteilung des Rezeptes in 2 Teile behandelt Teil 1 die Suppenbasis und Teil 2 das Gemüse, nachdem die Basis ein wenig köcheln durfte. Das Gemüse in Teil 2 können Sie gerne variieren, aber denken Sie daran, dass Kartoffeln sich aufgrund der darin enthaltenen Stärke auf Konsistenz und Geschmack auswirken. Getrocknete Kräuter eignen sich genauso wie frische.

Beginnen Sie mit der Zubereitung von Teil 1: Zwiebel und Knoblauch fein hacken, Lauch in dünne Scheiben schneiden und Meerrettich und Petersilienwurzel hinzufügen. In einem Topf mit dickem Boden alles mit 1 guten EL Butter oder neutralem Öl, frischem Thymian, Rosmarin und einer großzügigen Prise Salz und frisch gemahlenem Pfeffer anschwitzen. Wenn die Mischung weich und glasig wird, Wasser angießen, Lorbeerblätter hinzugeben und aufkochen lassen.

Teil 2: Das Ganze 10 Minuten köcheln lassen, bevor Sie Kartoffeln, Möhren, Steckrübe und Sellerie in gleich großen Würfeln zugeben. Zudecken und simmern lassen. Wenn das Gemüse weich wird, mit Salz und Pfeffer abschmecken. Es hat alle Aromen und Nährstoffe an die Suppe abgegeben. Den Kohl in dünne Streifen schneiden und in den Topf geben, und wenn dieser gerade weich wird, ist die Suppe fertig.

Am besten ein paar Scheiben Vollkornbrot dazu servieren.

BLUMENKOHL-WINGS
LET'S DO THIS!

Jedes Jahr rund um den Super Bowl wimmelt es im Internet nur so von Rezepten für den perfekten Snack zum Spiel. Meist geht es dabei um Chicken Wings, Steaks mit Soße, Chips und Dips. Und die vegetarischen und veganen Blogger wollen ihren fleischessenden Kollegen natürlich in nichts nachstehen. Der Super Bowl ist als Tradition so wichtig wie Weihnachten, Geburtstag und Thanksgiving zusammen, und über „The Wings" macht man keine Scherze. Auch nicht, wenn sie aus Blumenkohl sind.

Ich habe noch nie ein Super-Bowl-Finale gesehen, aber ich habe schon eine Menge Wings gegessen. Wings aus Blumenkohl. Es hört sich vielleicht eigenartig an, aber der Blumenkohl ist eine der flexibelsten Gemüsesorten, die es gibt. Also kann er natürlich auch zu Wings verarbeitet werden. Ich bereite sie in drei Schritten zu, und Sie können den ersten zwar auch weglassen, aber ich wage zu behaupten, dass er es wert ist. Die Zubereitung ist nicht sehr aufwendig, braucht aber ein wenig Zeit, weil die Wings dreimal in den Ofen müssen. Wie gesagt – bei Wings macht man keine Scherze.

▼

Schritt 1: Den Ofen auf 200 °C vorheizen und den Blumenkohl in kleine Röschen teilen. Ich benutze nach Möglichkeit die Hände statt eines Messers. Versuchen Sie, die Röschen in etwa gleich große Stücke zu teilen. Auf ein mit Backpapier ausgelegtes Backblech legen und auf mittlerer Schiene in den Ofen stellen. Im Ofen lassen, bis sie goldbraun sind.

Schritt 2: In der Zwischenzeit Pflanzenmilch, Wasser, Weizenmehl und die trockenen Gewürze mischen. Gründlich verrühren, bis die Masse die Konsistenz eines Pfannkuchenteigs hat. Den Blumenkohl aus dem Ofen nehmen und jedes Stück einzeln in den Teig tauchen. Achten Sie darauf, dass sich alle Hohlräume und Stängel füllen. Überschüssigen Teig abtropfen lassen, bevor Sie die Stücke wieder auf das Blech legen. Weitere 20 Minuten backen, bis der Teig knusprig ausgebacken ist.

Wenn Sie die BBQ-Soße selbst zubereiten, empfehle ich, sie mit einem Stabmixer glatt zu pürieren.

Schritt 3: Butter und BBQ-Soße in einem Topf erhitzen und danach in eine große Rührschüssel füllen. Den Blumenkohl aus dem Ofen nehmen und in die Rührschüssel geben. Mit einem Teigschaber vorsichtig unterheben, bis alle Teile mit der Glasur bedeckt sind. Wieder auf das Backblech geben und für weitere 20 Minuten in den Ofen stellen.

Die Wings schmecken am besten serviert mit rohen Möhren und Selleriestangen, einem Sauerrahmdip oder der Cashewcreme von S. 189 sowie Knoblauch und/oder Pfeffer.

SNACKS FÜR 2 PERSONEN

1 BLUMENKOHL, SO GROSS WIE MÖGLICH

150 ML PFLANZENMILCH

50 ML WASSER

90 G WEIZENMEHL

1 TL KNOBLAUCHPULVER

1 TL ZWIEBELPULVER

1 TL KREUZKÜMMEL

1 TL PAPRIKAPULVER

½ TL CHILIPULVER

½ TL SALZ

1 EL BUTTER ODER PFLANZEN-MARGARINE

200 ML BBQ-SOSSE, AUS DER FLASCHE ODER NACH DEM REZEPT VON S. 125

ROSENKOHL AUS DEM OFEN –
ES GIBT NICHTS BESSERES

Während die meisten Norweger sich noch daran erinnern, wo sie waren, als der norwegische Skilangläufer Oddvar Brå trotz gebrochenem Stock Gold holte oder Norwegen gegen Brasilien gewann, erinnere ich mich noch ganz genau, wo ich war, als ich das erste Mal Rosenkohl aus dem Ofen probierte. Ich war bei meinen Eltern zu Besuch, und es war in jenem Winter, als es – soweit ich weiß – zum ersten Mal möglich war, frischen Rosenkohl in einem normalen Supermarkt zu kaufen.

ZUTATEN

1 BEUTEL FRISCHER ROSENKOHL

2–3 EL OLIVENÖL

SALZ

Ich war neugierig geworden und hatte einen Beutel gekauft, wohlwissend, dass alles, woran ich mich bei Rosenkohl erinnerte, dieses bittere, konsistenzlose, in sprudelndem Wasser gekochte Zeug war, das immer in der Weihnachtszeit serviert wurde. Ich beabsichtigte, dem Rosenkohl eine zweite Chance zu geben. Zum Glück, muss ich sagen, denn jetzt liebe ich ihn.

Rosenkohl, im Ofen gebacken, ist – Hand aufs Herz – mit das Leckerste, was es gibt. Er wurde in unserer Familie sogar als feste Beilage zum Weihnachtsessen eingeführt. Aufgrund der Größe hat er einen viel konzentrierteren Geschmack, ein wenig nussig und ein wenig bitter. Und eben diese bittere Note verstärkt sich, wenn der Rosenkohl sprudelnd gekocht wird. Stattdessen backe ich ihn im Ofen, halbiert, denn so wird er gleichzeitig knusprig und weich, die tollen Aromen kommen durch, und das Bittere tritt einen Schritt zurück. In den letzten Jahren hat dieses Rezept bei Freunden, Familie und Bekannten Verbreitung gefunden, die immer wieder vermelden, dass sogar die Kinder sich beinahe um die letzten Stücke prügeln. Damit könnte man dieses Experiment wohl als gelungen bezeichnen.

Den Rosenkohl putzen, indem Sie den groben Teil des Strunks abschneiden, den Kohl vom Strunk an halbieren und die äußersten Blätter entfernen, wenn diese nicht mehr gut aussehen. Nach dem Putzen in eine Schüssel geben.

Olivenöl und gutes Salz unterheben, dann den Rosenkohl auf einem mit Backpapier ausgelegten Backblech verteilen. Auf mittlerer Schiene im Ofen bei 200 °C backen, bis der Rosenkohl braun, knusprig und an den Rändern leicht runzelig ist. Das dauert 10–20 Minuten, je nach Größe des Rosenkohls.

GEBRATENE FRÜHLINGSROLLEN
MIT KOHLFÜLLUNG

Frühlingsrollen sind ein klassisches Gericht, das alle mögen, dessen Zubereitung sich aber kaum jemand zutraut. Und meistens sehen sie ja auch sehr hübsch und überhaupt nicht handgewickelt aus, wenn sie uns frisch frittiert im Restaurant serviert werden oder wir sie in der Tiefkühltruhe sehen. Aber das stimmt nicht! Mit ein paar Flaschen typisch asiatischer Würzungen und einer Packung Frühlingsrollenblätter brauchen Sie nicht mehr als eine kleine Schüssel voller fantastischem Gemüse, ein wenig Geduld und einen Backofen oder eine Bratpfanne.

Weil die Füllung vorbereitet wird, geht das Backen oder Braten der Rollen schnell und ganz leicht. Knusprig und spröde außen, herrliche Füllung innen.

Ich verwende Tofu, aber das nur, um das Gericht mit ein paar Proteinen auszustatten, nicht, weil er so wahnsinnig viel für Geschmack und Konsistenz bringen würde. Man kann ihn genauso gut weglassen. Wenn Sie möchten, können Sie das Gemüse auch mit gekochten Reisnudeln mischen.

FÜR CA. 15 FRÜHLINGSROLLEN

GEFRORENE FRÜHLINGSROLLENBLÄTTER

1 GELBE ZWIEBEL

5 KNOBLAUCHZEHEN

½ SPITZKOHL ODER ¼ NORMALER KOHL

3 GROSSE MÖHREN

1 GROSSE HANDVOLL ZUCKERSCHOTEN

2–4 KLEINE WINTERRETTICHE ODER
   6–8 NORMALE RETTICHE

200 G FRISCHER TOFU

1 EL SESAMÖL

1 EL RAPSÖL

2–3 EL SRIRACHA (ODER EINE ANDERE
   CHILISOSSE)

1 EL SESAM

1 TL REISESSIG

1–2 EL TAMARI-/SOJASOSSE

ÖL ZUM BRATEN ODER BEPINSELN

DIP

2 EL TAMARI-/SOJASOSSE

2 EL ZITRONENSAFT

1 TL SESAM

Zunächst die Frühlingsrollenblätter aus dem Gefrierschrank nehmen und auf der Arbeitsfläche auftauen lassen. Um das Gemüse in die gewünschte Form zu bringen, verwende ich ein Messer, eine Reibe und eine Mandoline. Das wichtigste ist, dass alles sehr fein gehackt ist. Wie Sie das erreichen, ist Ihre Sache. Bereiten Sie drei „Häufchen" oder Schüsseln mit dem geschnittenen Gemüse vor, wobei Zwiebel und Knoblauch in eine Schüssel, Kohl und Möhren in eine weitere und Zuckererbsen und Rettiche in eine dritte kommen.

Mit den Händen den Tofu in kleine Stücke reißen und in einer trockenen Pfanne leicht anbraten, damit er überschüssige Flüssigkeit verliert. Danach mit Sesam- und Rapsöl begießen und den Tofu ein paar Minuten braten, bis er goldbraun ist.

Die Zwiebel-Knoblauch-Mischung zum Tofu geben und bei mittlerer Hitze anschwitzen, bis die Zwiebeln gelb sind. Sriracha und Sesam unterrühren und ebenfalls ein paar Minuten braten, bevor die Kohl-Möhren-Mischung dazu kommt. Diese Gemüsesorten fallen nach ein paar Minuten stark zusammen und sollen jetzt überschüssige Flüssigkeit verlieren.

Wenn die Gemüsemischung beginnt, weich und ein wenig matschig zu werden, Reisessig und Sojasoße unterrühren und mit ggf. Sriracha und Sesamöl abschmecken. Ganz zum Schluss Rettich und Zuckerschoten unterheben und die Mischung vom Herd nehmen.

Die Frühlingsrollen nacheinander rollen und zum Braten vorbereiten oder auf ein mit Backpapier ausgelegtes Backblech legen, wenn Sie sie im Ofen zubereiten möchten. Wenn Sie jemanden haben, der Ihnen zur Hand geht, kann einer schon mit dem Braten beginnen, während der andere noch rollt. Oder beide rollen parallel. Für eine Zubereitung im Ofen müssen sie zuerst mit Öl bepinselt und dann bei 200 °C 10–15 Minuten gebacken werden.

Die Pfanne sollte trocken und sauber sein und am besten einen dicken Boden und einen hohen Rand haben. Und halten Sie einen Deckel für den Notfall bereit – das Fett wird sehr heiß. Benutzen Sie Werkzeuge aus Holz oder Metall, nicht aus Kunststoff, wenn es sich vermeiden lässt. Vor dem Braten Öl in die Pfanne geben, sodass der Boden bedeckt ist, und erhitzen. Wenn die Pfanne nicht heiß genug ist, werden die Frühlingsrollen nicht knusprig. Die Pfanne nicht zu voll machen, sondern nur 4–5 Rollen auf einmal braten, je nachdem, wie groß die Rollen oder die Pfanne sind.

Die gebratenen Frühlingsrollen auf Küchenpapier abtropfen lassen (sie bleiben sehr lange heiß, daher können Sie in Ruhe alle fertigbraten). Falls Sie Öl nachfüllen müssen, lassen Sie dies erst heiß werden, bevor Sie weitermachen.

Für den Dip Tamari mit frisch gepresstem Zitronensaft mischen und mit Sesam bestreuen.

DIE KINDLICHE FREUDE
ÜBER GUTES GEMÜSE

Ich habe Glück gehabt. Nicht nur, dass ich im gleichen Haus gelebt habe wie meine Großmutter mütterlicherseits, mit der ich Brot backen, kochen und Verstecken spielen konnte, ich wuchs auch mit den Großeltern väterlicherseits auf. Sie waren Bauern, und alle meine Erinnerungen an den Hof Gårder drehen sich um Menschen, viele Menschen, die sich am ersten Weihnachtstag oder anlässlich des Geburtstags eines der Ältesten im Haus mittags um die lange Tafel versammelten.

Manchmal übernachteten meine kleine Schwester Karoline und ich dort alleine, wir schliefen dann in einem großen Zimmer im ersten Stock unter weichen Daunendecken und auf harten Kissen, mit Spitzengardinen in den Fenstern und gestrickten Hausschuhen, die unsere Füße vor dem kalten Boden schützten. Einmal erwachte ich und war ganz allein; das Haus war so groß, so leer und so still, wie ich es nie zuvor erlebt hatte. Ich lief die knarrende Treppe herunter, durch die große Küche und vorbei an der Süßigkeitenschublade direkt unter dem Fenster hinaus in den großen Windfang und weiter hinaus auf die Steintreppe. Meine gesamte Kindheit hindurch nahm ich an, dass alle Höfe einen großen, runden Hof mit Gebäuden rundherum hatten, denn so war es auf diesem Hof. Und ich stand auf der Steintreppe und rief verzweifelt nach meiner Großmutter, die nirgends zu finden war. Dann kam sie auf der anderen Seite des Hofes aus der Tür zum Kuhstall, ein Kopftuch um das lockige Haar geschlungen, eine Schürze über Rock und Bluse, Gummistiefel an den Füßen und einen Eimer in der Hand. Melkzeit, natürlich. Die Kühe warten nicht auf Fünfjährige, die nicht beim ersten Hahnenschrei aufwachen.

Ich erinnere mich an den Heuboden, von dem es viele Meter bis zur Decke waren, an Sonnenstrahlen durch die Bretterwand, Geschichten über Papa, wie er im Heu herumgesprungen und durch die Luke in den Heuhaufen gefallen war, ich erinnere mich an Großvaters Wahnsinnsschrei, als eine der Kühe ihren Fuß auf seinen stellte, ich erinnere mich an Maiglöckchen zwischen den Bäumen auf der Rückseite und an Papa, wie er eine Karte seiner Lieblingsplätze auf dem Hof zeichnete, die er hatte, als er so klein war wie ich. Opas große Handwerkerhände, die Badeschüssel aus Messing draußen auf der Wiese vor dem Haus, die knorrigen Apfelbäume im Garten, die Pflaumenbäume hinter dem Backhaus und das Plumpsklo draußen.

Im Garten war ich am liebsten, im magischen Obstgarten mit den riesigen Apfelbäumen. All die Kinderbücher über Äpfel und Würmer im Apfel und das Klettern in den Bäumen müssen sich in genau diesem Apfelgarten abgespielt haben, wenn ich es mir recht überlege. Himbeeren haben nie wieder so gut geschmeckt wie die großen Beeren, die an den Ranken im Garten auf dem Hof wuchsen. „Achte auf Würmer", sagte Opa immer, und deshalb schaue ich heute noch, mehr als 20 Jahre später, nach Würmern in Himbeeren.

Und dann war da noch der Gemüsegarten. In meiner Erinnerung ist er riesig, und ich ging immer andächtig die Reihen mit Blumenkohl, Salat, Petersilie, Möhren, Kartoffeln und Rettichen entlang. Eine der Lieblingsgeschichten meiner Mutter aus meiner Kindheit war, als ich angelaufen kam, entsetzt, wie nur eine Dreijährige es sein kann, und rief, dass Oma die Kartoffeln auf den Acker gebracht hatte statt in die Küche! Denn was wusste ich schon, wo die Kartoffeln herkamen? Immer hatte ich Erde an den Knien nach einer besonders vorsichtigen Annäherung an die Zuckerschoten, wo ich eine nach der anderen von den Ranken pflückte, die harten Ränder abbiss und wieder ausspuckte, den Nagel des rechten Daumens benutzte, um die frischen Schoten zu öffnen, bevor ich sie aß, das Beste zum Schluss aufhob, und dann die restliche Schote mit einem saftigen Bissen verschlang. Bevor ich auf die nächste losging.

Ich musste lernen, dass die Möhren reif sind, wenn sie ganz leicht aus der Erde schauen und ein wenig dicker als mein Daumen sind. Und deshalb lag ich dort auf dem Bauch und maß die Möhren an meinem kleinen Daumen, so gut ich konnte. Mein größtes Glück war es, eine zu finden, die krumm und besonders war, Arme und Beine hatte, vielleicht sogar ein Gesicht mit Augen, Ohren, Nase und Mund. Ich lief zum Wasserhahn auf der Rückseite des Hauses und spülte die Erde ab, bevor ich die Möhre geräuschvoll knabberte, neben dem Wasserhahn hinter dem Haus an die Wand gelehnt.

Auf dem Kartoffelacker erfuhr ich etwas über Setzkartoffeln oder Mutterkartoffeln, wie Großmutter sie nannte, und warum Setzkartoffeln spezielle Kartoffeln sind, aus denen andere Kartoffeln entstehen. Ich fand es toll zu sehen, wie meine Großeltern mit kundigen Händen die Kartoffeln aus der Erde zogen, und ich weiß immer noch nicht, wie sie an den Kartoffelpflanzen feststellen konnten, dass die Kartoffeln unter der Erde reif waren. Bereit, ausgegraben und dann ganz hinten im Kartoffelkeller unter dem Windfang gelagert zu werden, zusammen mit Regalen voller Weckgläser mit Eingemachtem, Saft und allen möglichen Raritäten, von denen ich nicht einmal weiß, was es war. Vielleicht stehen sie immer noch dort, die Weckgläser, Zeugen einer anderen Zeit.

Denn unsere Zeiten sind so anders. Wir müssen keine Selbstversorger mehr sein, wir müssen nicht dafür sorgen, dass wir genug Kartoffeln haben, um die Familie über den Winter zu bringen. Wir müssen nicht mehr einmachen und entsaften und Essen in großen Weckgläsern lagern. Wir müssen nicht mehr wissen, wann die Möhren am knackigsten sind, die Kartoffeln die richtige Größe haben oder wie groß der Abstand zwischen den Blumenkohlköpfen sein muss, damit sie schön wachsen können, und erst recht wissen wir nicht, wie lange ein Blumenkohl wachsen muss.

Und das ist gut so. Wir müssen all das gar nicht wissen. Aber gleichzeitig verpassen wir etwas. Wir verpassen das Gefühl für etwas, das wächst, etwas, das sich mit Wind und Wetter verändert. Wir wissen nicht, wann die verschiedenen Gemüsesorten gepflanzt werden müssen oder in welcher Witterung sie sich am wohlsten fühlen. Wir verpassen den automatischen Rückenmarksreflex, der uns wissen lässt, dass wir den ganzen Brokkolistängel verwenden können, dass wir ihn sogar verwenden sollten. Wir wissen nicht mehr, wie wir Tomaten lagern sollten, damit sie sich so lange wie möglich halten, oder wie Butter eigentlich hergestellt wird.

Mit Wissen kommt Bewusstsein, und wir, die Enkel unserer Großeltern, tun gut daran, unser Bewusstsein zu erweitern. Wir müssen Millionen Menschen mit Essen versorgen, wir haben ein Klima, das sich radikal verändert, und wir Glücklichen hier in der westlichen Welt haben uns im Laufe von nur einer Generation an einen Überkonsum gewöhnt. Lasst uns dafür sorgen, dass es bei der einen Generation bleibt. Lasst uns den Stolz einer Fünfjährigen zurückholen, die Zuckerschoten Stück für Stück isst. Lasst uns das Wissen zurückholen, wie die Kartoffeln sich am besten halten. Lasst uns den Stolz zurückgewinnen auf Zutaten, die wir selbst anbauen und von denen wir leben können.

Wir müssen nicht alle einen Küchengarten anlegen. Es wird immer Lebensmittelgeschäfte geben, die uns alles, was wir brauchen, anbieten, und obendrein entstehen gerade fantastische Initiativen zu Kooperativen, Genossenschaften, Organisationen, die für uns an einer besseren Auswahl arbeiten. Und was wäre, wenn wir uns nur ein winziges bisschen bewusster über das werden, was wir verbrauchen? Wie wir es verbrauchen? Wie es eigentlich schmeckt? Was eigentlich drinsteckt, und warum es gut ist, ausgerechnet dieses Gemüse zu essen? Lassen wir die heutigen Fünfjährigen mit Blumenkohl, Rettichen und Süßkartoffeln spielen, sie anfassen, mit Augen, Nase und Mund erleben, den Geschmack des Grünen, des Roten, des Gesunden und des Guten kennenlernen. Alles auf einmal. Und das Beste daran? Das muss gar nicht schwierig sein.

LINSEN

Linsen und andere runde Sachen

Ich mag Linsen. Sie sind so umgänglich. Im Grunde kann ich machen, was ich will, die Linsen sind dabei. Das gleiche gilt für Kichererbsen, auch wenn sie etwas schwieriger anzuspornen sind. Suppe? Ok! Pürieren? Auch gut. Pur? Ich bin dabei. In Kombination mit Zutaten? Yes! Hausmannskost? Mexikanisch? Indisch? Italienisch? Spanisch? Thailändisch? Burger? Bällchen? Linsen und Kichererbsen machen alles mit. Alles!

Sowohl Linsen als auch Kichererbsen können Sie gekocht in Dosen oder getrocknet kaufen. Dies wirkt sich vor allem auf die Zeit aus, die Sie für die Zubereitung brauchen, aber nicht auf den Geschmack. Ich verwende eigentlich immer getrocknete Linsen, weil diese nicht so lange kochen müssen und weil ich sie gerne in den anderen Zutaten koche, wogegen ich Kichererbsen häufig aus der Dose nehme, mit Ausnahme des Falafeln-Rezepts (S. 93). Wenn Sie getrocknete Kichererbsen kaufen, ist das zum einen billiger, zum anderen ist die Zubereitung ganz leicht. Sie brauchen aber ein wenig Vorbereitungszeit und Platz im Gefrierschrank. Sie müssen 24 Stun-

den lang einweichen, bevor sie in mehreren Litern Wasser mit 1 EL Backpulver zwei Stunden lang gekocht werden. Danach können sie abkühlen, bevor sie portioniert und eingefroren werden. So haben Sie immer eine Portion Kichererbsen im Gefrierschrank.

Bei Linsen gibt es verschiedene Arten: rote Linsen, die beim Kochen ganz zerfallen und schnell gar sind, und grüne Linsen, die selbst im gekochten Zustand eine festere Konsistenz haben und sich hervorragend als Basis für Bällchen und eine Farce eignen. Es gibt auch einige Linsensorten, die ihre Konsistenz nach dem Kochen vollständig erhalten, u.a. Puy- und Beluga-Linsen. Oder Gourmetlinsen, wie ich sie nenne. Ich finde, Linsen schmecken am besten, wenn sie Teil eines größeren Gerichts sind, und in diesen Rezepten hier verwende ich die normalen roten und grünen Linsen. Sie stecken voller Proteine, haben wenig Fett und sind zusammen mit Bohnen und Kichererbsen eine der wichtigsten Nährstoffquellen, wenn man sich mit einer grünen Ernährung anfreunden möchte.

LINSENEINTOPF MIT KOKOSMILCH, INGWER UND KORIANDER

Dieser Eintopf bedeutet Nostalgie für mich. Mit 19 wurde ich Vegetarierin, und auch wenn es mir leicht fiel, kein Fleisch mehr zu essen, war ich ziemlich verwirrt, als es um neue Lebensmittel ging und darum, was ich essen sollte, um alle Nährstoffe, die ich brauchte, zu mir zu nehmen. Ein Freund brachte mir die Zubereitung einer früheren Version dieses Eintopfes bei, und wenn ich mich recht erinnere, war es das erste Mal, dass ich Kokosmilch, frischen Koriander, reichlich Currypulver und rote Linsen verwendete.

Dies ist sozusagen ein „Starter-Kit", und noch heute, 12 Jahre später, bereite ich es jeden Winter mehrmals zu. Es ist unglaublich schön zu sehen, dass es vielen anderen genauso geht: eine Möglichkeit, unbekannte Zutaten zu verarbeiten, sich mit ihnen vertraut zu machen und diesen Eintopf Teil der festen Alltagsgerichte werden zu lassen. Ich habe ihn schon Kleinkindern, Freunden, den Eltern und Großeltern vorgesetzt, und es ist mir immer noch nicht gelungen, jemanden zu finden, der diesem kokos- und tomatenbasierten Linseneintopf nicht verfällt. Dazu schmeckt warmes Fladenbrot sehr gut, Sie können ihn aber auch mit Reis servieren. Der Spritzer Limette ist das Tüpfelchen auf dem i und sollte nicht ausgelassen werden!

Zunächst Schalotten, Knoblauch, Ingwer und Chili fein hacken. Die Schalotten kommen zusammen mit dem Öl zuerst in den Topf (mit dickem Boden). Wenn sie glasig werden, Chili, Ingwer und Knoblauch dazugeben. Bei mittlerer Hitze ein paar Minuten anschwitzen, bevor Sie das Currypulver unterrühren. Kokosmilch und Tomaten in den Topf gießen und alles vermengen. Die Dosen mit je 100 ml Wasser ausspülen und dieses zusammen mit den roten Linsen und dem Salz in den Topf geben.

Die Kochzeit hängt von der Linsensorte ab. Halbierte Linsen brauchen nur 20 Minuten. Bei ganzen Linsen sollten Sie 10–15 Minuten mehr rechnen. Am Boden des Topfes regelmäßig rühren, damit die Linsen nicht anbrennen. Wenn Sie fertige Linsen verwenden, diese hinzufügen, nachdem Tomaten und Kokosmilch untergerührt wurden.

Saft der Limetten hinzufügen. Koriander fein hacken und die Hälfte gegen Ende der Kochzeit unterheben. Die andere Hälfte wird vor dem Servieren über den Eintopf gestreut.

FÜR 4 PORTIONEN

- 5–6 SCHALOTTEN
- 2 KNOBLAUCHZEHEN
- 1 DAUMENGROSSES STÜCK INGWER, ERGIBT FEIN GEHACKT CA. 2 EL
- ½ ROTER CHILI
- 2 EL NEUTRALES PFLANZENÖL (RAPSÖL, SONNENBLUMENÖL)
- 1 TL CURRYPULVER
- 1 DOSE (400 ML) KOKOSMILCH (NICHT FETTREDUZIERT)
- 1 DOSE (400 ML) GUTE GEHACKTE TOMATEN
- 180 G GETROCKNETE ROTE LINSEN
- 1 TL SALZ
- 2 LIMETTEN
- 1 BUND/TOPF FRISCHER KORIANDER

LINSENFRIKADELLEN –
KINDERLEICHT

Diese Linsenfrikadellen mache ich schon, seit ich Vegetarierin geworden bin, und mit einem Grundrezept, das nur aus Linsen, gekochtem Reis und Haferflocken besteht, passen sie überall dazu. Ich habe schon indische Varianten zubereitet, mit Oliven und sonnengetrockneten Tomaten, mit Käse und Kräutern, mit Kapern und Zitrone, und die Liste ließe sich endlos fortsetzen.

FÜR 18–20 LINSENFRIKADELLEN

270 G GETROCKNETE GRÜNE LINSEN

160 G REIS

1 GELBE ZWIEBEL

3–4 KNOBLAUCHZEHEN

1 EL GEMAHLENE LEINSAMEN

3 EL WASSER

2 EL KRAUSE PETERSILIE

1 TL ZITRONENSAFT

1 TL THYMIAN

2 TL PFEFFER

2 TL KRÄUTERSALZ/SALZ

4 + 4 EL HAFERFLOCKEN (ZART
    SCHMELZEND) ODER PANIERMEHL

NEUTRALES ÖL ODER BUTTER ZUM
    BRATEN

Mit den typischen Weihnachtsgewürzen sind sie außerdem ein Muss auf jedem Weihnachtsbuffet bei uns zu Hause, und wir müssen immer mehr zubereiten als vorher geplant. Auf einem kalten oder Tapas-Buffet sind diese Frikadellen Pflicht – sie können vorher zubereitet, aufgewärmt oder eingefroren werden, sie können heiß oder kalt, auf Toast mit gebratenen Zwiebeln, mit Nudelsalat oder grünem Salat gegessen werden. Dies ist die klassische Variante meiner Linsenfrikadellen.

Die Linsen in einen großen Topf mit kaltem Wasser geben und aufkochen lassen. Sie sollten ca. 20 Minuten kochen, bis sie anfangen, sich leicht aufzulösen. Den Reis nach Packungsanweisung kochen. Den Ofen auf 200 °C vorheizen und ein Backblech mit Backpapier auslegen.

Inzwischen Zwiebel und Knoblauch hacken und in einem Mixer oder einer Küchenmaschine zerkleinern. Die Zutaten vorbereiten, mit denen Sie die Linsenfrikadellen abschmecken möchten. In einem kleinen Topf Leinsamen und Wasser aufkochen und ein paar Minuten köcheln lassen, bevor Sie den Topf vom Herd nehmen. So entsteht eine geleeartige Masse, die dafür sorgt, dass die Linsenfrikadellen zusammenhalten, außerdem nehmen Sie damit eine ganze Menge Omega-3-Fettsäuren zu sich.

Wenn Linsen und Reis gar sind, beides mit der Zwiebel-Knoblauch-Mischung im Multizerkleinerer verarbeiten, bis eine recht sämige Masse entstanden ist. Das Gerät anhalten und die Gewürze sowie die Hälfte der Haferflocken und die Leinsamenmasse hinzugeben. Wieder einschalten, bis alles vermengt ist, dann ausschalten. Es sollte kein Püree werden; je stückiger die Mischung, desto besser. Mehr Haferflocken hinzugeben, wenn die Farce sich setzt. Sie brauchen eine schöne Masse, die gerade so feucht ist, dass Sie sie von Hand zu Frikadellen formen können. Klappt das nicht, mehr Haferflocken unterrühren.

In einer Pfanne einen Klecks Butter oder neutrales Öl erhitzen, die Masse zu kleinen Frikadellen formen, leicht plattdrücken und dann 3–4 Minuten auf beiden Seiten braten, bis sie schön braun sind. Danach auf das Backblech legen. Wenn die gesamte Masse aufgebraucht ist, das Blech in den Ofen stellen und die Frikadellen ca. 20 Minuten backen. Nach der Hälfte der Zeit wenden.

TACO-BÄLLCHEN UND PFIRSICHSALSA
IN SALATHERZEN

Gibt es jemanden, der keine Tacos mag? Wohl kaum, alle mögen Tacos, denn dabei kann jeder genau das machen, worauf er Lust hat. Ich kann mich jedenfalls sicher zu der Generation zählen, bei der in den Familien Tacos freitagsabends eine feste Tradition hatten, und auch wenn klassische norwegische Tacos sehr lecker sind, schadet es ja auch nicht, bei diesem Gericht mal in eine neue Richtung zu denken.

Bei dieser Taco-Variante brauchen Sie keine Fladen oder Taco-Schalen, denn deren Funktion übernehmen die Salatblätter. Darauf kommen Taco-Bällchen aus roten Linsen sowie eine leckere Pfirsich-Salsa mit Koriander und Chili. Zum Schluss noch ein Spritzer Limettensaft – einfach zuzubereiten, einfach zu genießen. Ein gegrillter Maiskolben dazu ist auch nicht schlecht. Einen schönen Taco-Abend!

Die Linsen gründlich unter kaltem Wasser abspülen und in eine große Schüssel geben. Mit einer Gabel zerdrücken – es sollte kein Püree sein, aber die Linsen sollten alle zerdrückt sein. Fein gehackte Schalotte und Knoblauchzehen, das Rapsöl sowie die Gewürze untermischen, dann mit dem Kichererbsenmehl vermengen. Die Mischung in der Schüssel zusammendrücken und 10–15 Minuten kaltstellen, damit sie sich setzt.

Währenddessen die Salsa zubereiten: Die Früchte entsteinen und das Fruchtfleisch grob oder fein hacken, je nachdem, wie stückig Sie die Salsa mögen. Rote Zwiebel, Chili und Koriander dazugeben und alles mit Öl, Essig und Salz mischen. Wenn die Früchte nicht genug Süße haben, können Sie einen Spritzer Agavensirup oder Akazienhonig hinzufügen.

In einer Pfanne eine reichliche Menge neutrales Öl (d. h. kein Olivenöl) erhitzen und mit einem Teelöffel oder den Händen aus der Masse kleine Bällchen formen und direkt in die Pfanne geben. Am besten ein Glas Wasser danebenstellen, in das Sie den Teelöffel eintauchen können, damit er nicht so klebrig wird. Bei hoher Hitze die Bällchen von beiden Seiten goldbraun braten. In Salatblättern zusammen mit der Salsa servieren.

FÜR 2 PORTIONEN

1 DOSE ROTE LINSEN

1 GROSSE SCHALOTTE

2–3 KNOBLAUCHZEHEN

1 EL RAPSÖL

1 TL PAPRIKAPULVER

1 TL KORIANDERPULVER

1 TL KREUZKÜMMEL

2–4 EL KICHERERBSENMEHL

ÖL ZUM BRATEN

2 SALATHERZEN

PFIRSICH-SALSA

3–4 PFIRSICHE ODER NEKTARINEN

1 FEIN GEHACKTE KLEINE ROTE ZWIEBEL

2 CM FEIN GEHACKTER ROTER CHILI

3–4 EL FEIN GEHACKTER FRISCHER KORIANDER

1 EL OLIVENÖL

1 TL ROTWEINESSIG ODER REISESSIG

2 PRISEN SALZ

LINSENEINTOPF MIT BUTTERBOHNEN UND SÜSSKARTOFFELN AUS DEM OFEN

Das Beste an Linseneintöpfen sind die unzähligen Variationsmöglichkeiten, die es gibt.
Dies ist ein klassischer Spontan-Eintopf, denn manchmal sind die besten Linseneintöpfe diejenigen,
die spontan entstehen, wenn Gerichte aus dem, was sich noch von gestern in der Küche befindet,
zubereitet werden. Auch übrig gebliebenes Gemüse können Sie in diesem Eintopf verarbeiten.

FÜR 4 PORTIONEN

1 MITTELGROSSE/GROSSE SÜSS-
KARTOFFEL

NEUTRALES ÖL

1–2 TL PAPRIKAPULVER

1–2 TL CHILIPULVER (VORSICHTIG
ABSCHMECKEN)

1–2 TL SALZ (ABSCHMECKEN)

½ STANGE LAUCH

3 KNOBLAUCHZEHEN

2 EL TOMATENMARK

1 L BOUILLON (AM BESTEN SELBST
GEMACHT, SIEHE S. 193)

135 G GETROCKNETE ROTE LINSEN

2 MÖHREN

1 DOSE BUTTERBOHNEN, GROSSE
WEISSE BOHNEN ODER KIDNEY-
BOHNEN

1 TL AGAVENSIRUP ODER HONIG

Dies ist außerdem mein Rezept zum Gesundwerden, denn es steckt so viel Gesundes drin: proteinreiche Linsen und Bohnen, wärmende Bouillon mit Unmengen guter Gewürze und unglaublich leckere Stücke gebackener Süßkartoffel – bei Fieber das beste Trostessen, das ich kenne. Sie können den Eintopf pur essen, mit Reis, Bulgur oder Couscous als Einlage oder einem Stück Vollkornbrot, Fladenbrot oder Naanbrot dazu.

Den Ofen auf 200 °C (Umluft) vorheizen und ein Backblech mit Backpapier auslegen. Süßkartoffel schälen und würfeln, diese mit ein paar Tropfen Öl, je einer Prise Paprikapulver, Chili und Salz mischen und dann in den Ofen stellen. Ich backe die Kartoffeln meist 10–15 Minuten, denn ich mag sie goldbraun und an den Rändern einen Hauch angebrannt. Behalten Sie sie im Auge und nehmen Sie sie heraus, wenn sie nach Ihrem Geschmack sind.

In einem Topf mit Deckel 1 TL Öl erhitzen. Lauch waschen und in größere Stücke schneiden, anschließend mit fein gehacktem Knoblauch und einer Prise Salz in den Topf geben. 3–4 Minuten anschwitzen, bis der Knoblauch glasig ist, dann Paprikapulver, Chilipulver und Tomatenmark unterrühren. Das Chilipulver vorsichtig dosieren und immer wieder abschmecken.

Wenn die Gewürze sich mit dem Knoblauch gemischt haben, Gemüsebouillon und die roten Linsen in den Topf geben. Umrühren, den Deckel auflegen und den Eintopf 10–12 Minuten köcheln lassen, bis die Linsen gekocht haben und zu zerfallen beginnen.

Möhren schälen, in Scheiben schneiden, die Bohnen abgießen. Beides zum Eintopf geben, ein paar Minuten köcheln lassen und mit Chili, Salz und Agavensirup/Honig abschmecken. Ganz zum Schluss die gebackenen Süßkartoffelwürfel in den Topf geben.

BURGER
MIT IN ZITRONE EINGELEGTEN ROTEN ZWIEBELN

Menschen, die aufhören, Fleisch zu essen, haben generell Angst, dass sie nie wieder einen guten Burger essen werden. Dieser Burger soll das Gegenteil beweisen, denn er überzeugt auch Vegetarier. Er steckt voller Umami, der fünften Geschmacksrichtung, die jeder Burger enthalten sollte, egal woraus er besteht.

Dieses Rezept basiert auf einem Rezept der amerikanischen Vegan-Königin Isa Chandra. Es ist ein Burger, der ein wenig Arbeit macht, aber ich verspreche Ihnen – auf Treu und Glauben –, dass er es wert ist. Die Rezeptmengen sind größer gewählt, denn wenn Sie die Burgerwerkstatt einmal eingerichtet haben, sollten Sie Burger zum Einfrieren einplanen. Wenn Sie meinen, das wird zu viel, können Sie das Rezept auch halbieren oder vierteln. Es sieht mehrere Schritte vor, es geht ein wenig hin und her, doch dafür gibt es einen guten Grund: Es soll der – wie ich ihn nenne – ultimative Burger werden. Es werden Linsen, Pilze, Oliven, Walnüsse und Hafer verarbeitet – mit anderen Worten alles, was Sie brauchen, damit Sie satt werden und er perfekt schmeckt.

FÜR 24 BURGER-PATTYS

360 G GRÜNE LINSEN

300 G ROHE NÜSSE, ICH VERWENDE
EINE MISCHUNG AUS CASHEW-
KERNEN UND WALNÜSSEN

180 G KALAMATA-OLIVEN

2 GELBE ZWIEBELN

NEUTRALES ÖL ZUM BRATEN

5–6 KNOBLAUCHZEHEN

300 G PILZE, AM BESTEN PFIFFERLINGE,
PORTOBELLOS ODER BRAUNE
CHAMPIGNONS

2 TL PAPRIKAPULVER

1–2 TL CHILIPULVER

1 TL SALZ

1 TL GEMAHLENER PFEFFER

2 EL SOJASOSSE

2 EL ZITRONENSAFT

1 EL RAUCHESSENZ (ODER 1 TL RAUCH-
PAPRIKAPULVER)

90 G KICHERERBSENMEHL

60–180 G SEMMELBRÖSEL ODER GE-
MAHLENE HAFERFLOCKEN (MENGE
JE NACH KONSISTENZ ANPASSEN)

IN ZITRONE EINGELEGTE
ROTE ZWIEBELN

1 ZITRONE (ÜBER DER ZWIEBEL
AUSGEPRESST)

RAPS- UND/ODER OLIVENÖL

1 ROTE ZWIEBEL (IN DÜNNEN STREIFEN)

Falls Sie keine Linsen aus der Dose verwenden, zunächst die grünen Linsen kochen, bis sie beinahe zerfallen, dann 10 Minuten abkühlen lassen.

Nüsse und Kerne (ich nehme je ca. 150 g Walnüsse und Cashewkerne) im Mixer zu einer groben Masse zerkleinern. Sie sollten nicht zu Mehl werden, sondern noch stückig sein. In eine Schüssel umfüllen und zur Seite stellen.

Die Kalamata-Oliven ggf. entsteinen und im Mixer ebenfalls zu einer groben Masse zerkleinern. Sie sollte kein Püree sein, sondern noch Olivenstücke enthalten. Mit einem Teigschaber in eine Schüssel füllen und zur Seite stellen.

Zwiebeln grob hacken und in 1 TL Öl bei mittlerer Hitze anschwitzen, bis sie glasig und weich sind und die meiste Flüssigkeit verloren haben. Knoblauchzehen grob hacken und zum Schluss in der Pfanne 1–2 Minuten mitbraten. Die Zwiebelmischung in den Mixer geben und dort abkühlen lassen.

Pilze grob hacken und in einer trockenen Pfanne braten. Sie verlieren immer mehr Flüssigkeit und müssen braten, bis die Pfanne wieder trocken ist. Dabei verlieren sie erheblich an Masse! Das ist in Ordnung und so beabsichtigt. Danach die Pilze zur Zwiebelmischung in den Mixer geben.

Als Letztes sind die Linsen dran: Kurz in die Pfanne geben, damit sie darin ausdampfen können. Sie sollen nicht braten oder anschwitzen, nur ausdampfen. Dann auch die Linsen zu den Zwiebeln und den Pilzen in den Multizerkleinerer geben.

Alle Gewürze (Paprikapulver, Chilipulver, Salz und Pfeffer, Sojasoße, Zitronensaft und Rauchessenz) hinzufügen und das Ganze zu einer gleichmäßigen Masse verarbeiten. Während der Multizerkleinerer mit geringer Geschwindigkeit läuft, Nüsse und Kichererbsenmehl dazugeben und die Konsistenz mithilfe von Semmelbröseln, ggf. mehr Nüssen und Kichererbsenmehl anpassen. Sie sollten daraus leicht mit den Händen Burger formen können, ohne dass sie zerfallen oder zusammenfallen. Braten Sie einen Burger probehalber in der Pfanne, um die Konsistenz zu testen.

Wenn Sie mit der Konsistenz zufrieden sind, können Sie die restlichen Burger ausbacken. Wir verwenden meist einen runden Ausstecher, den wir auf ein eingefettetes Backpapier setzen, bevor wir die Burgermasse hineinfüllen und mit einem kleinen Teigschaber oder Löffel glätten. Die Pattys sollten etwa 1 cm hoch sein. Aus dieser Teigmenge erhalten Sie etwa 24 Burger.

Die Burger auch auf der Oberseite leicht mit Öl bepinseln und das Backblech in den Ofen stellen. Zunächst 15 Minuten bei 200 °C backen, danach wenden und noch weitere 15 Minuten backen. Mit einem Finger leicht eindrücken – es sollte kein Abdruck zurückbleiben. Dazu passen in Zitrone und Öl eingelegte rote Zwiebeln.

INDISCHE LINSENSUPPE
MIT INGWER UND CHILI

Ich vertrete die Theorie, dass wir Menschen so gestrickt sind, dass wir jeden Sommer vergessen, wie kalt und fies es im Winter sein kann, und dass wir im Winter vergessen, wie gut der Sommer tut. So lassen wir uns jedes Mal im Oktober oder November vom Winter überraschen und freuen uns über Gebühr über die Sonnenstrahlen und die Wärme im Frühjahr.

FÜR 2 PORTIONEN

½ TL KREUZKÜMMEL, GEMAHLEN ODER GANZE SAMEN

½ TL CHILIPULVER (MENGE ANPASSEN)

1 TL GEMAHLENER KORIANDER

1 TL GEMAHLENE KURKUMA

180 G GEKOCHTE ROTE ODER GELBE LINSEN (ABGESPÜLT)

800 ML WASSER

1 EL NEUTRALES ÖL, KOKOSÖL ODER GHEE

½ TL SENFSAAT

1 KLEINE GELBE ODER ROTE ZWIEBEL

4–6 KNOBLAUCHZEHEN

2 EL FEIN GEHACKTER FRISCHER INGWER

SALZ

1 TOMATE

2 TL ZITRONENSAFT

½–1 TL CHILIFLOCKEN

4 EL GROSSE KOKOSSPÄNE (NACH GESCHMACK)

In der kalten Jahreszeit, wenn der Wind auf den Wangen brennt, die Augen zum Tränen bringt und durch sämtliche Kleidungsstücke dringt, gibt es kaum etwas, das Körper und Seele so gut tut wie ein großer, heißer Topf Linsensuppe. Sie ist sozusagen die Definition von „wärmt von innen", mit nahrhaften Linsen und wärmenden Gewürzen, die Kopf und Glieder auftauen.

Diese Linsensuppe, auch als Dal bekannt, ist ein großartiges Basisrezept, das Sie mit verschiedenen Gemüsesorten und Einlagen erweitern können. Kleine Blumenkohl- oder Brokkoliröschen, dünne Möhren- oder Steckrübenstreifen, und etwas kräftiger und süßer wird sie mit einer Dose Kokosmilch. Eine ordentliche Portion gekochter Reis oder ein warmes Fladen- oder Naanbrot dazu sind auch nicht zu verachten.

In einer kleinen Schüssel alle trockenen, gemahlenen Gewürze mischen.

Die Linsen gründlich unter kaltem Wasser abspülen, mit 800 ml Wasser in einen Topf geben und aufkochen lassen. Rote Linsen sind in ca. 12–15 Minuten weich, gelbe brauchen ca. 5 Minuten länger. Es macht nichts, wenn sie ein wenig zerfallen, das ist sogar erwünscht.

In der Zwischenzeit das Öl in einer Pfanne erhitzen und Senfsaat und Kreuzkümmelsamen (wenn Sie ganze Samen verwenden) hineingeben, wenn das Öl heiß ist. Sie müssen goldbraun sein und beinahe „poppen", vor allem aber intensiv duften. Dann fein gehackte Zwiebel, Knoblauch und Ingwer mit einer Prise Salz hinzugeben und das Ganze fünf Minuten anschwitzen, bis die Zwiebeln weich und glasig sind. Die trockenen Gewürze, fein gehackte Tomate, Zitronensaft und ein bisschen Wasser hinzugeben, damit Sie alles zu einer dicken Paste verrühren können. Die Mischung aufkochen und 5–10 Minuten köcheln lassen.

Wenn die Linsen gar sind und die Kräuterpaste eingedickt ist, alles vermengen. Aufkochen und 5–10 Minuten köcheln lassen. Mit Salz, Zitronensaft und Chiliflocken abschmecken. Möchten Sie Gemüse in der Suppe verarbeiten, geben Sie dieses jetzt hinzu und kochen Sie es in den letzten Minuten mit. Mit in der trockenen Pfanne gerösteten Kokosspänen servieren.

GRÜNES

Alles, was grün ist, ist gut.

Grünzeug enthält etwas, das mich sehr, sehr glücklich macht. Es passiert verhältnismäßig oft – vielleicht zu oft – dass ich, wenn ich im Gemüseladen oder Supermarkt das Gemüse zum Bezahlen aufs Band lege, feststelle, dass dort nur Grünes liegt. Ausschließlich. Avocado, grüner Spargel, frische Bohnen, Lauch, Brokkoli, Salat, Spinat, Rucola, Limetten, Selleriestangen, Mangos (die natürlich innen gelb sind), Gurken, Kräuter und Zuckerschoten. All das liegt meist auf dem Band, wenn ich ohne Plan oder Ziel einkaufe, nur kurz in den Laden gehen will, um etwas fürs Abendessen zu kaufen.

Und wenn ich es recht bedenke: Gibt es etwas, das noch zufriedenstellender ist, als eine Avocado zu öffnen und festzustellen, dass sie genau richtig reif ist? Oder Spargel aus der Region zu bekommen, so knackig, dass die Stangen in der Mitte zerbersten? Oder frische Bohnen, die genau das Gleiche tun, mit dem besten Geräusch der Welt? Mit einer Stange Lauch ist jedes Abendessen gerettet, man fängt einfach damit an, und der Rest geschieht von allein; gar nicht zu reden von Brokkoli, dem treuesten Gemüse, das ich kenne. Ein frischer Kopf Salat ist immer der Beginn von etwas Gutem, Rucola ver-

leiht allem eine leichte Pfeffernote, während ein Spritzer frischen Limettensaftes selbst das schlichteste Abendessen um mindestens drei Stufen anheben kann. Mit der Selleriestange verbinde ich vor allem die Käseplatte von Mamas Nähkreis, als ich eine neugierige Dreijährige war, und wenn sie im Essen verarbeitet wird, schmeckt sie nicht mehr nach Sellerie, sondern rundet alles ab. Frische, knackige Gurke eignet sich als Snack genau wie als Mahlzeit (als ich klein war, musste Mama die Gurken und die krause Petersilie vor mir verstecken, weil ich immer vor dem Kühlschrank saß und sie verschlang). Oder Zuckerschoten. Nicht zu vergessen die Zuckerschoten.

Glücklicherweise ist alles, was grün ist, nicht nur sehr gesund, sondern auch noch sehr lecker. Grüne Gemüsesorten sind richtige Nährstoffbomben. Eisen, Vitamine, Antioxidantien, Kalzium und Kalium, Ballaststoffe und gesunde Fette nehmen Sie zu sich, wenn Sie jeden Tag eine ordentliche Handvoll grünes Gemüse auf dem Teller liegen haben. Ist es da verwunderlich, dass man sich an allem, was grün ist, erfreut?

SPINAT-QUINOA-
BÄLLCHEN

Quinoa ist eines dieser neuen Superfoods, über die in den letzten Jahren viel gesprochen wurde. Und im Gegensatz zu den meisten anderen Superfoods verwende ich Quinoa recht häufig. Es sind Samen mit Unmengen an Nährstoffen und Proteinen, noch dazu sind sie sehr sättigend.

Von dieser Zutat kann man auch ein paar zusätzliche Portionen kochen und die Woche über im Kühlschrank stehen haben, um jederzeit ein paar Löffel für einen Salat, als Einlage in eine Suppe oder einen Eintopf zu haben oder wie hier mit viel frischem Spinat und ein paar anderen leckeren Aromen zu kleinen Bällchen zu verarbeiten. Zur Bindung verwende ich anstelle von Eiern Kichererbsenmehl, das besteht aus gemahlenen getrockneten Kichererbsen. Es enthält außerdem viel Protein und hat eine geniale Eigenschaft: Es bindet, ohne dass das Essen matschig und klebrig wird.

Ich finde, diese Bällchen passen überall dazu, ob es ein Wrap mit Hummus und Salat ist, gebackenes Gemüse oder Pasta, ein grüner Salat mit Avocado und Kirschtomaten, eine Portion auf einem Teller mit Snacks wie hier mit Grünzeug, Brot und ein wenig Cashewcreme (S. 189).

FÜR CA. 30 BÄLLCHEN

200 G QUINOA

500 ML WASSER

1 TL GEKÖRNTE GEMÜSEBRÜHE

CA. 100 G SPINAT

3 KNOBLAUCHZEHEN

1 FRÜHLINGSZWIEBEL

1 TL SALZ

3 TL SRIRACHA ODER EINE ANDERE
   CHILISOSSE/CHILIPULVER
   (MENGE ANPASSEN)

3–4 EL KICHERERBSENMEHL

NEUTRALES ÖL ZUM BRATEN

Wenn Sie keine fertige Quinoa (ca. 450 g) haben, die Samen gründlich unter kaltem Wasser abspülen und mit Wasser und Gemüsebrühe aufkochen. Nach etwa 15 Minuten ist das Wasser aufgesogen und verdampft, dann ist die Quinoa fertig.

In der Zwischenzeit Spinat waschen und fein hacken, Knoblauchzehen fein hacken oder reiben und Frühlingszwiebel in Ringe schneiden. Diese Zutaten mit der Quinoa vermischen und Salz, Sriracha und Kichererbsenmehl unterrühren. Die Masse in die Schüssel drücken und ein paar Minuten stehen lassen, damit sie sich setzen kann, bevor Sie ein Bällchen probehalber braten.

Eine esslöffelgroße Menge auf die Handfläche geben und zu einem kleinen Bällchen rollen. Die Masse sollte gut zusammenhalten; wenn sie das nicht tut, noch etwas Kichererbsenmehl zugeben. In einer Pfanne Öl erhitzen, die Bällchen rollen und direkt in die Pfanne geben. Zwischendurch die Pfanne schütteln und mit einem Pfannenwender oder einer Pinzette die Bällchen drehen. Nach 3–4 Minuten sind sie goldbraun. Jetzt kann man sie drehen und auf der anderen Seite braten.

PIZZA
MIT SPINAT UND ARTISCHOCKENHERZEN

In unserem Ferienhäuschen in Stavern habe ich das Gefühl, in meine Kindheit zurückversetzt zu werden, mit unzähligen Sommererinnerungen von Kindesbeinen an. Ich erinnere mich nur an Sonne, nicht an Regen, an guten Schlaf, Bücher in der Hängematte, Sonne im Gesicht, barfuß im Gras, Baden gehen, kahle Felsen, Touren entlang der Küste, an einen Sprung ins Wasser und geschmolzene Schokokekse am Strand.

Zu dem Haus gehört ein Gemüsegarten, um den wir alle versuchen uns zu kümmern, aber im Grunde ist es Papa, der dafür sorgt, dass es alles bis ins nächste Jahr schafft. Wir haben dort eine große Küche, in der alle Platz finden – sowohl entlang der Arbeitsplatte als auch am Tisch – und dort feierten wir in einem Sommer ein Pizzafest, mit 4 verschiedenen Pizzen auf dem Tisch. Alle äußerten ihre Wünsche, womit die Pizzen belegt werden sollten, und danach stimmten wir ab. Als alle Stimmen ausgezählt waren, ging ausgerechnet diese Pizza, der Underdog mit dickem Boden, ohne Käse und mit nur wenigen Zutaten, als Sieger daraus hervor. Mein erster Gedanke war, dass meine Familie endlich Geschmack an vegetarischem Essen gefunden hatte, der zweite, dass die besten Pizzen die wenigsten Zutaten haben.

FÜR 2 PORTIONEN

DICKER PIZZABODEN

125 G FEIN GEMAHLENER WEIZEN-
    SCHROT

125 G WEIZENMEHL

½ TL SALZ

¼ TÜTE TROCKENHEFE

2 EL OLIVENÖL

200–250 ML HANDWARMES WASSER

BELAG

½ STANGE LAUCH

1 EL RAPSÖL

SALZ UND PFEFFER

2 KNOBLAUCHZEHEN

1 GROSSE TÜTE BLATTSPINAT

2 EL UNGESALZENE CASHEWKERNE

½ TL KNOBLAUCHPULVER

1 EL NÄHRHEFE (OPTIONAL)

1 DOSE ARTISCHOCKENHERZEN

4 EL ROHE PINIENKERNE

Dieser Pizzaboden ist etwas rustikaler als normal, aber er ist immer noch so fein, dass er schön aufgeht und am Rand knusprig wird. Durch den Weizenschrot gewinnen Sie mehr Nährstoffe aus dem Korn, da sowohl der Kern als auch die äußeren Schichten in das Mehl gelangen. Gut für Sie, gut für die Erde. Das Mehl ist etwas schwieriger zu verarbeiten, aber das ist ganz normal.

Den Schrot und das Mehl in einer Rührschüssel mit Salz und Trockenhefe mischen, das Olivenöl mit dem handwarmen Wasser vermischen. In die Mehlmischung eine Kuhle drücken und die Flüssigkeitsmischung hineingießen. Von Hand gründlich durchkneten, bis Sie einen geschmeidigen Teig erhalten, am besten direkt auf der bemehlten Arbeitsfläche. Dann den Teig zurück in die Schüssel geben. Mit Klarsichtfolie und einem Küchenhandtuch abdecken und an einem warmen Ort mindestens 1 Stunde gehen lassen.

Lauch fein hacken und in einer großen Pfanne bei mittlerer Hitze mit 1 EL Rapsöl und einer Prise Salz anschwitzen. Wenn der Lauch weich wird und beginnt zu bräunen, fein gehackten Knoblauch unterrühren. Anschließend den Spinat auf die Mischung geben und kurz dämpfen, bis er stark zusammengefallen ist. Das Ganze ein paar Minuten braten, bis die Mischung keine Flüssigkeit mehr enthält, dann mit Salz und Pfeffer würzen.

Cashewkerne fein hacken oder mahlen und mit Knoblauchpulver und ggf. Nährhefe mischen. Die Artischockenherzen abgießen und vom Strunk aus längs halbieren oder vierteln.

Den Teig ausrollen und auf ein mit Backpapier ausgelegtes Backblech legen. Darauf die Spinatmischung und anschließend die Artischockenherzen verteilen. Mit Pinienkernen und der Cashewkern-Mischung bestreuen, dann die Pizza ganz unten in den Ofen stellen und auf höchster Stufe (am besten 250 °C) backen, bis der Rand knusprig ist.

AVOCADO-FENCHEL-
SALAT

Dies ist mein Lieblingssommersalat, und er hat eine Geschichte. Darin geht es um eine extrem gestresste Mia, die nicht in der Lage war, sich festzulegen, ob sie durchhalten und ihre Geduld auf die Probe stellen oder es sein lassen und sich etwas anderes überlegen sollte.

FÜR 4 PORTIONEN

2 KLEINE/1 GROSSE FENCHELKNOLLE

1 BUND FRISCHE RETTICHE

1 BEUTEL ZUCKERSCHOTEN

2 REIFE AVOCADOS

1 TL GUTES OLIVENÖL

1 UNBEHANDELTE ZITRONE

½ TL SALZ

1 GROSSE HANDVOLL GLATTE
    PETERSILIE

1 KLEINER BEUTEL RUCOLA

GROB GEMAHLENER PFEFFER

Ich wollte nur kurz (das berühmte „nur kurz") nach der Arbeit zur Post, denn ich musste noch Zutaten für einen Salat kaufen, den ich zu einer Grillparty mitbringen wollte. Außerdem wollte ich schnell nach Hause, denn, naja, ich hatte in den letzten Stunden viel Wasser und Kaffee getrunken. Auf der Post zog ich die Wartenummer 36, angezeigt wurde die 4, daher entschied ich mich, kurz um die Ecke das, was ich für den Salat brauchte, einzukaufen.

Bei „meinem" Gemüsehändler steht das Gemüse draußen, und ich trug sehr schnell alles, was ich brauchte, zusammen und wollte nur kurz (da war es wieder, dieses „nur kurz") hinein, um zu zahlen. Die Schlange ging durch den ganzen Laden, und es war ein großer Laden. Sie reichte bis zur hinteren Wand. Dort stand ich in der Sommerhitze, die Arme voll mit Tasche, Laptop und dem Gemüse, und dachte: Nein. Das schaffe ich nicht.

Aber ich sollte ja diesen Salat machen. Davon abgesehen bin ich ziemlich bekannt für meine Ungeduld, also dachte ich mir: Jetzt stelle ich mich in diese Schlange. Beweise es mir selbst. Es geht sicher schnell. Auf den ersten vier, fünf Metern dachte ich: Nein, ich mag nicht. Ich gehe. Aber ich blieb stehen. Und wenn man erst mal die Hälfte der Schlange hinter sich gebracht hat, kann man sie ja auch nicht mehr verlassen, oder? Also stand ich dort. Und stand. Und stand. Und zählte mindestens bis Tausend. Zehntausend. Zehnhundertmillionentausend.

Als ich zurück in die Post kam, war man dort bei Nummer 68. Die Post erledigte ich an einem anderen Tag, aber es gab Salat. Und er wurde lecker. Glücklicherweise.

Das Gemüse waschen und eine große Schüssel bereitstellen. Die Spitzen der „Finger" am Fenchel abschneiden, aber das Grün aufheben, das können Sie über den Salat streuen. Den restlichen Fenchel in dünne Scheiben schneiden und in die Salatschüssel geben. Auch die Rettiche in dünne Scheiben schneiden, die Zuckerschoten in 2–3 Stücke. Avocados halbieren und das Fruchtfleisch würfeln, dann ebenfalls in die Salatschüssel geben. Vorsichtig Olivenöl, Zitronensaft und Salz unterrühren und glatte Petersilie und Rucola untermengen. Zum Schluss ein wenig Zitronenabrieb und frisch gemahlenen Pfeffer darübergeben.

SOMMERROLLEN
MIT ERDNUSSSOSSE

Ich finde die Bezeichnung Sommerrollen lustig. Frühlingsrollen sind gebacken oder gebraten, aber Sommerrollen sind gesund und frisch. Das ist recht bezeichnend, wie ich finde, und nachvollziehbar, wenn man sich die Jahreszeiten ansieht und welche Zutaten im Sommer Saison haben: frische und knackige Salate, Kräuter zufällig auch, knallrote Rettiche und die grünsten Salatgurken. Kombiniert mit ein paar kalten Reisnudeln in einem Blatt Reispapier, gedippt in ein Schälchen Erdnusssoße, und der Tag ist perfekt – egal ob draußen gerade Sommer, Herbst, Winter oder Frühling ist.

Ich lade gerne zu Gerichten ein, bei denen die Gäste ihr Essen selbst zubereiten müssen, denn ich unterhalte mich lieber mit ihnen als in der Küche zu stehen. Ich bereite dann alles vor und stelle viele leckere Zutaten und Dips auf den Tisch. In der Mitte steht eine große Schüssel mit lauwarmem Wasser, denn das ist es, was die magischen Reisblätter so magisch macht. Dann müssen die Gäste nur noch ihre Lieblingszutaten einrollen (das gelingt spätestens beim zweiten Versuch perfekt, versprochen!), anstoßen und einen wunderbaren Abend verleben.

▼

Zunächst die Erdnusssoße zubereiten. Dafür Knoblauch und Ingwer reiben und mit den übrigen Zutaten verrühren. Mit einem kleinen Schneebesen oder einer Gabel löst sich die Erdnussbutter besser auf. Zur Seite stellen.

Zur Vorbereitung der Reisnudeln vorab Wasser aufkochen. Die Nudeln dürfen nicht im Wasser kochen. Wasser im Wasserkocher oder -kessel erhitzen und in einer Schüssel über die Nudeln gießen. Stehen lassen, bis die Nudeln al dente sind, die Dauer hängt von der Dicke der Nudeln ab. Ich verwende meist die ganz dünnen Vermicelli.

Hier benutze ich für das Gemüse einen Julienne-Hobel, um ganz dünne Streifen zu erhalten, aber es geht auch mit einem Käsehobel oder einem scharfen Messer. Es lässt sich nämlich dann leichter rollen, und aus einem wiederum magischen Grund schmeckt es auch besser.

Wenn es mit dem Rollen losgehen soll, ein Blatt Reispapier nach dem anderen in die Schüssel mit dem lauwarmen Wasser tauchen oder kurz unter den Wasserhahn halten, bis es weich und transparent ist. Vorsichtig auf einen Teller legen, mit allen Zutaten füllen (man kann auch hier schon Soße dazugeben) und zusammenrollen: Zunächst beide Seiten einklappen, danach eine der Längsseiten, und dann aufrollen, damit alles gut zusammenhält.

FÜR 2 PORTIONEN

1 PORTION REISNUDELN

½ GURKE

1 FRÜHLINGSZWIEBEL

2 KLEINE WINTERRETTICHE/NORMALE RETTICHE

1 MÖHRE

REISBLÄTTER FÜR FRÜHLINGSROLLEN

FRISCHE MINZE UND/ODER KORIANDER

GERÖSTETER SESAM

ERDNUSSSOSSE

2 KNOBLAUCHZEHEN

1 DAUMENGROSSES STÜCK INGWER

1 ½–2 EL SOJASOSSE

½ EL REISESSIG

1–2 EL SRIRACHA ODER CHILIFLOCKEN

2 EL ERDNUSSBUTTER NATURELL

½ EL AGAVENSIRUP ODER HONIG

3 EL WARMES WASSER

THAI-SALAT MIT MANGO UND CURRY-KOKOS-DRESSING

Ich wurde Vegetarierin, als ich von zu Hause auszog. Meine kleine Schwester machte es mir nach, und unsere liebe Mutter stand – obwohl sie sehr gut kocht – ein wenig verwirrt in der Küche, wenn wir zu Besuch kamen. Sie sagte gerade heraus, dass sie es schwierig fand, nicht, weil sie nicht wusste, was sie kochen sollte, sondern weil sie es gewohnt war, zuallererst an Fleisch zu denken.

FÜR 2 PORTIONEN

2 HANDVOLL GEMISCHTER GRÜNER
    SALAT

1 AVOCADO IN SCHEIBEN

½ MANGO IN SCHEIBEN (NACH
    GESCHMACK AUCH MEHR)

1 FEIN GEHACKTE FRÜHLINGSZWIEBEL

200 G TOFU NATURELL, IN DER PFANNE
    GEBRATEN ODER IM OFEN GEBACKEN

2 EL TROCKEN GERÖSTETE ERDNÜSSE

FRISCHER KORIANDER

KOKOS-CURRY-DRESSING

250 ML REINE KOKOSMILCH (NICHT
    FETTREDUZIERT)

2 EL ERDNUSSBUTTER

2 TL CURRYPASTE (Z.B. DIE SELBST
    GEMACHTE VON SEITE 152)

SAFT VON 1 LIMETTE

Ich verstehe sie gut, wir sind Gewohnheitstiere, vor allem wenn es um Essen geht. Gleichzeitig ist Mama immer mein größter Fan gewesen. Immer, wenn sie etwas kocht, was sie von mir gelernt hat, schickt sie mir Bilder, und jedes Mal, wenn ich zu Besuch bin, kochen wir zusammen. Und dabei fragt Mama: Was genau machst du da? Warum machst du dies? Was ist das? Darf ich probieren? Und diese Neugier macht nicht nur mich froh, sie macht auch sie tollkühn. So tollkühn, dass sie in einem Sommer, als wir ihren Geburtstag feiern wollten, diesen Salat für ihre Dinnergäste zubereitete. Mit Tofu. Mit Curry. Mit Erdnussbutter. Mit Mango. Mit Avocado. Sie hatte allerdings den Stabmixer nicht ordentlich befestigt, sodass sich das Kokos-Curry-Dressing in der gesamten Küche und natürlich auch auf ihr verteilte, aber das konnte Mama nicht aufhalten. Nein, das Abendessen stand auf den Tisch, und es schmeckte himmlisch!

Sie können, wenn Sie möchten, alle Zutaten für das Dressing in einem Mixer oder mit dem Stabmixer verarbeiten, ich jedoch rühre sie nur von Hand zusammen, das geht genauso gut. Das Dressing so lange wie möglich kaltstellen.

Die Salatzutaten waschen und vorbereiten und entweder in einer großen Servierschüssel oder auf Tellern mischen. Den Tofu zubereiten und zum Salat geben. Zum Schluss mit frischem Koriander und Erdnüssen bestreuen und mit dem Dressing servieren. Mit reichlich Dressing!

FALAFELN MIT GEGRILLTEM GEMÜSE UND AVOCADOSOSSE

Ich kann gar nicht zählen, wie oft ich versucht habe, zu Hause klassische Falafeln aus Kichererbsen zuzubereiten, ohne dass es mir gelungen wäre. Rezept über Rezept über Rezept habe ich ausprobiert, und entweder zerfielen sie oder sie schmeckten nicht oder sie wurden zu einem matschigen Etwas mit Bratkruste.

Eines Tages entschied ich, alle anderen Rezepte zu vergessen und es mir stattdessen sehr einfach zu machen: eingeweichte Kichererbsen statt der gekochten. Backofen statt Frittieröl. Glühend heiße Gusspfanne im Ofen für ein perfektes Ergebnis. Und es funktionierte! Das einzige, über das Sie sich Sorgen machen müssen, ist, ob Sie am Vortag genug Kichererbsen eingeweicht haben. Denn wenn Sie erst einmal 24 Stunden gewartet haben, bis sie fertig sind, ist es zu spät zum Nachfüllen.

Selbstverständlich können Sie die Falafeln essen, wie Sie wollen. Dies hier ist eine Variante, mit der ich sehr glücklich bin: mit Ofengemüse in einem Weizenfladen, einer saftigen Avocadosoße und 1 TL Tahini. Das karamellisierte Gemüse passt gut zu den knusprigen Falafeln und den frischen Soßen. Soßen und Gemüse können Sie gut am Abend vorher zubereiten, oder Sie verwenden Reste, die bei anderen Mahlzeiten übriggeblieben sind. Sie können auch Hummus, Pesto aus sonnengetrockneten Tomaten oder Gemüse nehmen – was immer Sie mögen! So lecker, so unglaublich lecker!

FALAFELN, 2 PORTIONEN

150 G GETROCKNETE KICHERERBSEN,
  MINDESTENS 24 STUNDEN EINGE-
  WEICHT

½ ROTE ZWIEBEL

3–4 KNOBLAUCHZEHEN

1 TL SALZ

1 TL PAPRIKAPULVER

1 TL CHILIPULVER/HARISSA/SRIRACHA

1 TL KORIANDERSAMEN/GEMAHLENER
  KORIANDER

1 TL KREUZKÜMMEL

½ TL GROB GEMAHLENER PFEFFER

2 EL OLIVENÖL + ÖL ZUM BRATEN

GEGRILLTES GEMÜSE

½ BLUMENKOHL

½ ZUCCHINI

½ PAPRIKA

6–8 KIRSCHTOMATEN ODER DAS,
  WORAUF SIE LUST HABEN

AVOCADOSOSSE

1 AVOCADO OHNE STEIN

1 KNOBLAUCHZEHE

1 HANDVOLL FRISCHER KORIANDER
  UND/ODER PETERSILIE

1 EL OLIVENÖL

1 EL ZITRONENSAFT

2–3 EL WASSER

½ GRÜNER ODER ROTER CHILI

1 EL MANDELN ODER ANDERE NÜSSE/
  KERNE

2 PITA- ODER FLADENBROTE

2 TL TAHINI

GRÜNER SALAT

FRISCHER KORIANDER UND/ODER
  PETERSILIE

Die Kichererbsen müssen Sie 1 oder 2 Tage im Voraus in reichlich kaltem Wasser einweichen. Sie saugen viel mehr Wasser auf, als man denkt, also nehmen Sie eine reichliche Menge. Am besten das Wasser austauschen, wenn sie länger als einen Tag stehen.

Wenn es Zeit ist, die Falafeln zuzubereiten, den Backofen auf 200 °C vorheizen und alle Zutaten, einen Multizerkleinerer oder Stabmixer und eine gusseiserne Pfanne oder ein Backblech bereitstellen.

Die Kichererbsen abgießen und mit den anderen Falafeln-Zutaten in den Mixer geben. Die Mengen der Gewürze können Sie gerne anpassen, mit den angegebenen Mengen werden es recht milde Falafeln. Die Zutaten so lange zu einer Masse verarbeiten, bis Sie feststellen, dass sie langsam „fest wird", dass der Multizerkleinerer die Masse kompakt herumwirbelt.

Das Backblech oder die Form, die Sie verwenden möchten, mit Olivenöl beträufeln. Je mehr Öl Sie nehmen, desto eher werden die Falafeln frittiert. Sie können auch einfach nur die Fläche, auf die Sie die Falafeln legen, einpinseln. Mit den Händen runde, flache Falafeln formen, etwa 4–5 cm im Durchmesser und 1 cm hoch. Vorsichtig in die Form/auf das Blech legen und so den ganzen Teig verarbeiten, wenn Sie alle auf einmal zubereiten möchten. Sie können die restliche Masse aber auch in einer luftdichten Dose im Kühlschrank aufbewahren und 1 oder 2 Tage später braten.

Das Blech/die Form auf einem Brett auf mittlerer Schiene in den Ofen stellen, 15 Minuten backen, die Falafeln dann wenden und weitere 15 Minuten backen. Jetzt müssen Sie nur noch die Fladenbrote kurz im Ofen erwärmen und mit all den leckeren Zutaten füllen, die Sie gerade zubereitet haben.

Das gegrillte Gemüse wird zubereitet, während Sie noch mit dem Falafeln-Teig beschäftigt sind. Gemüse putzen, in kleine Röschen teilen oder in Scheiben schneiden und mit etwas Olivenöl beträufeln, dann im Ofen bei 225 °C grillen, bis sie an den Rändern goldbraun sind. Für die Zubereitung der Avocadosoße alle Zutaten im Mixer oder mit einem Stabmixer zerkleinern. Die Konsistenz mit Wasser anpassen.

GRÜNE
PIZZA

Ich finde oft, Pizza schmeckt am besten ohne Tomatensoße. Im Laufe der Jahre musste ich feststellen, dass es ein wenig kontrovers ist, so etwas über Pizza zu sagen, aber egal wie gut die Pizza mit Tomatensoße ist, die mir serviert wird, ich finde, sie ist ohne am besten. Und das liegt nicht daran, dass ich keine Tomatensoße mag – im Gegenteil – aber: All die anderen Aromen auf der Pizza kommen ohne Tomatensoße viel besser durch!

Auf dieser Pizza darf lieber all das fantastische grüne Gemüse glänzen: Spinat, Zucchini, grüner Spargel und grünes Pesto, entweder aus Basilikum oder aus Rucola. Zucchini und grüner Spargel dürfen zunächst eine kleine Runde in der Pfanne drehen, damit all die tollen Prozesse in Gang gesetzt werden, welche die Aromen hervorbringen. Und nach einer weiteren Runde im glühend heißen Backofen schmeckt das Gemüse noch eine Million Mal besser als sonst. Eine Million!

FÜR 2 PIZZA-PORTIONEN

BODEN

150 ML LAUWARMES WASSER

25 ML OLIVENÖL

¼ EL WEISSER ZUCKER

3 G FRISCHE HEFE ODER 3 G TROCKEN-
HEFE

¼ EL GUTES SALZ

250 G TIPO-00-MEHL (ITALIENISCHES
WEIZENMEHL)

PESTO

2 EL PINIENKERNE ODER UNGESALZENE
CASHEWKERNE

2 HANDVOLL BASILIKUMBLÄTTER

½ TL SALZ

1 KNOBLAUCHZEHE

2-3 EL FERTIG ANGERÜHRTE GEMÜSE-
BRÜHE/BOUILLON

1 EL NÄHRHEFE

BELAG

1 KLEINE ZUCCHINI

10-15 STANGEN GRÜNER MINI-
SPARGEL/5-6 STANGEN NORMALER
GRÜNER SPARGEL

RAPSÖL

2 GROSSE HANDVOLL FRISCHER SPINAT

100 G CASHEW- ODER PINIENKERNE

¼ TL KNOBLAUCHPULVER

2 EL NÄHRHEFE

SALZ UND PFEFFER

Lauwarmes Wasser, Öl, Zucker und Hefe in der Backschüssel verrühren, bis die festen Zutaten sich aufgelöst haben, dann Salz und Mehl hinzufügen (nicht alles auf einmal). Bei niedriger Geschwindigkeit in der Küchenmaschine ca. 10 Minuten kneten, bis der Teig fest und geschmeidig ist. Ggf. Mehl und Wasser zugeben, bis der Teig die gewünschte Konsistenz hat. Er muss sich leicht von der Schüssel lösen. Den Teig zugedeckt mit Klarsichtfolie an einem warmen Ort ca. 1 Stunde gehen lassen, dann aus der Schüssel nehmen und in Rohlinge teilen, die leicht geknetet und dann zu Kugeln geformt werden. Mit den Händen oder einem Teigroller 2 Pizzaböden in der gewünschten Dicke formen.

Während der Teig geht, Zucchini in dünne Scheiben schneiden, entweder mit der Mandoline, dem Käsehobel oder einem Messer. Den grünen Spargel längs halbieren oder vierteln. In einer Pfanne 1 TL Rapsöl erhitzen und darin die Zucchinischeiben bräunen, dann den Spargel ein paar Minuten in die Pfanne geben. Spinat waschen und putzen, er bleibt roh. Für das Pesto alle Zutaten in einem Mixer zerkleinern oder von Hand in einem Mörser verarbeiten. Cashewkerne, Nährhefe und Knoblauchpulver im Mixer oder mit dem Stabmixer kurz grob zerkleinern.

Das Pesto auf die Pizzaböden streichen und den Spinat gleichmäßig darauf verteilen. Darauf Zucchinischeiben und Spargel legen und zum Schluss mit der Cashewkern-Mischung bestreuen. Mit Salz und Pfeffer würzen. Im vorgeheizten Backofen die Pizzen auf der untersten Schiene backen.

KALTE NUDELN
MIT GEMÜSE UND SESAM-ERDNUSS-SOSSE

Wenn Sie Geschmack an Erdnusssoße gefunden haben, werden Sie diese lieben.
Und wenn Sie niemals zuvor Erdnusssoße probiert haben, werden Sie Geschmack daran finden,
nachdem Sie diese gegessen haben. Dieser kalte Nudelsalat eignet sich als Snack am Samstag genauso
wie als Mittagessen, und weil er kalt serviert wird, kann man ihn auch hervorragend in die Schule,
zur Arbeit oder an einem schönen Sommertag in den Park mitnehmen.

Nachdem ich dieses Gericht mit verschiedenen Nudelsorten ausprobiert habe, die entweder separat oder mit Soße bedeckt serviert wurden, las ich irgendwo die Empfehlung, ganz einfach normale Spaghetti zu nehmen. Sie bleiben al dente, auch wenn sie bis zum nächsten Tag mit Soße bedeckt sind, und verbinden sich nicht zu einem Nudelklumpen. Wenn Sie die etwas dickere Spaghetti-Sorte bekommen, ist es sogar noch besser –, aber mit den normalen geht es auch ganz hervorragend.

Zunächst die Spaghetti al dente kochen. Das Kochwasser abgießen, die Pasta mit kaltem Wasser abspülen, dieses Wasser ebenfalls abtropfen lassen, und dann die Pasta in eine große Schüssel umfüllen. Mit 1 EL Erdnussöl (oder neutralem Öl) vermengen und zur Seite stellen.

Die Möhren schälen, die Gurke längs halbieren und die Kerne entfernen, dann beides mit einem Julienne-Hobel oder Käsehobel längs in dünne Scheiben schneiden. Das Gemüse unter die Pasta heben.

Für die Soße das Öl in einer Pfanne erhitzen und darin Ingwer und Knoblauch bei mittlerer Hitze 1 Minute braten. Sie können diesen Schritt auch weglassen, aber die Soße wird noch besser, wenn diese Aromaten durch die Wärmebehandlung ihren ganzen Geschmack freisetzen dürfen. Alle anderen Zutaten für die Soße in einer Schüssel mischen, zum Schluss Ingwer und Knoblauch hinzufügen.

Die Soße gründlich verrühren, abschmecken und, wenn Sie zufrieden sind, mit den Nudeln vermengen. Frühlingszwiebeln fein hacken und vor dem Servieren mit dem Sesam über die Nudeln streuen. Jetzt entweder sofort servieren oder bis zum Essen kaltstellen.

FÜR 4–6 PORTIONEN

300 G SPAGHETTI ODER ANDERE
  NUDELN

1 EL ERDNUSS- ODER NEUTRALES
  ÖL

3 MÖHREN

1 GURKE

3 FRÜHLINGSZWIEBELN

2 EL SESAM

FÜR DIE SOSSE

1 EL ERDNUSS- ODER NEUTRALES
  ÖL

2 EL GERIEBENER ODER FEIN
  GEHACKTER INGWER

2 EL GERIEBENER ODER FEIN
  GEHACKTER KNOBLAUCH

2 EL TAHINI

3 EL ERDNUSSBUTTER

2 EL SOJASOSSE

2 EL GERÖSTETES SESAMÖL

2 EL REISESSIG

2–3 EL SRIRACHA

2 EL WEISSER ZUCKER

½ TL SZECHUAN-PFEFFER (KANN
  WEGGELASSEN WERDEN)

4 EL KOCHENDES WASSER

GLÜCK IST ...
EIN ORDENTLICHER KÜCHENSCHRANK

Die Art und Weise, wie wir Lebensmittel einkaufen, hat sich in den letzten Jahrzehnten unglaublich verändert. Seit den kleinen Lebensmittelgeschäften, in denen es nur Grundnahrungsmittel gab, meist in der Region produziert, hat es einen ordentlichen Szenenwechsel gegeben. Wie in einem Theater mit Drehbühnen, die von Nacht auf Tag wechseln, von draußen nach drinnen, von Hütte auf Schloss, und das in Nullkommanichts. Langsam, aber sicher verschwinden die Regale mit den frischen Waren aus den meisten Geschäften, und so gut wie alle Produkte liegen fertig verpackt dort, in Schachteln, Tüten, Dosen, Röhrchen, in Plastik, Papier, Karton, klein, einige Gramm, einige Kilogramm.

Ich glaube, alle Besitzer einer Küche würden genau das Gleiche sehen, wenn sie ihre Küchenschränke gleichzeitig öffnen würden. Darin stehen halbvolle Nudelschachteln, halbleere Tüten mit Nüssen, die dünne Plastikverpackung ist aufgerissen, es fehlt immer ein Gummi oder eine Klemme, wenn man sie braucht, und wer weiß eigentlich genau, wie viele Tütchen gleicher Art sich dort im Dunkeln verstecken oder wann bei einigen davon das Mindesthaltbarkeitsdatum abgelaufen ist? Das Chaos ist Realität, und der ewige Alltag verhöhnt uns, wenn wir Arme und Nasenspitze tief in das Innere eines Regals oder einer Schublade versenken, um genau die eine Sache zu finden, von der wir ziemlich sicher sind, dass sie höchstwahrscheinlich dort drin ist. Oder vielleicht doch nicht?

Aber wo fängt man eigentlich an, um in das Chaos ein wenig Ordnung zu bringen? Die Regale sind, wie sie sind, und die Verpackungen sind, wie sie sind. Oder? Mein Trick ist zunächst, das meiste lose zu kaufen. Au-

ßerdem verwende ich bei Lebensmitteln, die sich nicht lange halten oder nicht besonders gesund sind, nicht die Originalverpackung. Lebensmittel in Plastik aufzubewahren, ist nicht besonders gesund, und es gibt glücklicherweise gute Alternativen. (Denken Sie an unsere Großmütter: Sie lagerten Lebensmittel wie kein anderer, und sie hatten keine Schubladen voller Tupperware und Gefrierbeutel. Denn die beste Alternative heißt Glas.)

Haltbar, recycelbar, stabil, und es lässt sich immer wieder gründlich reinigen. Sie können, wenn Sie möchten, in einem Küchenladen oder bei einem Trödelhändler die perfekten Glasgefäße kaufen. Große Weckgläser und andere Gläser eignen sich hervorragend zur Aufbewahrung von trockenen Lebensmitteln. Wenn Sie ein wenig mehr Geduld haben, können Sie es sich auch zu einem Projekt über mehrere Monate machen, in denen Sie Gläser von eingelegten Gurken, Eingemachtem und anderen Leckereien aufheben und auswaschen. Kleine und große Gläser lassen sich gleichermaßen nutzen: In den großen können Sie trockene Zutaten aufbewahren, und die kleinen können die Plastikdosen ersetzen, die Sie für Gewürze, Essensreste und das, was in den Gefrierschrank soll, benutzen.

Für mich hat sich so auch eine ganz neue Art einzukaufen entwickelt: Wenn ich die Wahl zwischen passierten Tomaten im Glas oder in einer Metall- oder Kunststoffdose habe, nehme ich das Glas, denn dann habe ich zum einen weniger Müll und zum anderen ein weiteres Glas, das ich wiederverwenden kann. Es ist außerdem schlau, auf den Kilopreis zu achten, denn häufig ist dieser bei den größeren Gläsern niedriger. Und wenn sich der Inhalt nach dem Öffnen gut im Kühlschrank hält, können Sie das große Glas ebenso gut kaufen wie ein kleines.

Überlegen Sie einmal: Wie viel Plastik haben Sie in Ihrer Küche? Wir finden es so praktisch. Aber mit den Alternativen ist es ebenso einfach, und die sind auch noch besser für die Lebensmittel, für Sie und nicht zuletzt für die Umwelt. Mit bewusstem Einkaufen und Recycling, das Sie weder Geld noch Zeit kosten muss, können Sie ganz einfach Ihren Restmüll reduzieren, wenn nicht gar halbieren.

Die Aufbewahrung ist eine Sache, etwas ganz anderes sind die ewigen Rollen mit Klarsicht- und Alufolie, die wir benutzen. Meist benutzen wir eine Lage nur einmal, das ist die natürliche Funktion dieser Materialien. Aber überlegen Sie einmal: Wofür benutzen Sie es eigentlich? Ich habe einmal versucht, beide Rollen loszuwerden, also habe ich, als sie leer waren, keine neuen gekauft. Stattdessen habe ich Papiertüten gekauft, die aus wiederverwendbarem Recyclingmaterial hergestellt waren und die ich statt der Folien benutze, wenn ich etwas mitnehmen möchte. Wenn ich etwas einfrieren oder im Kühlschrank aufbewahren möchte, kommt es in ein Glasgefäß, oder ich decke einen Teller mit Bee's Wrap

ab, einem Baumwolltuch, das mit Bio-Bienenwachs beschichtet ist.

Das dauert nicht länger, reduziert aber meinen Restmüll – und nicht zuletzt den Einkauf von Einmal-Materialien – erheblich.

In meinem Küchenschrank bewahre ich alle trockenen Lebensmittel in kleinen und großen Gläsern auf. Das ist nicht nur praktisch und klimafreundlich, sondern inspiriert auch beim Kochen! Ich öffne die Schranktüren und kann sofort alle Zutaten sehen, die ich habe. Wenn die Fantasie ins Stocken geraten ist, stehe ich einfach davor, starre eine Weile in den Schrank und sehe nach, was ich habe: rote Linsen, grüne Linsen, Bulgur, Risottoreis, Gemüsebrühe, ganz viele Nüsse, Kerne und Samen in verschiedenen Gläsern, getrocknete Pilze und Früchte. Die Gerichte entstehen, während ich dort stehe, und ich bin ehrlich der Meinung, dass ein ordentlicher, gut sortierter Küchenschrank dazu beiträgt, dass mir Kochen Spaß macht!

Gewürze, Öle und Kräuter stehen auf Regalen über der Arbeitsplatte, sodass ich nur einen Arm ausstrecken muss und alles greifbar habe, was ich brauche. Chiliöle, getrocknete Kräuter, Paprikapulver in sechs verschiedenen Varianten oder das extra gute Salz, alles steht dort, wenn ich es brauche. Unter den Regalen habe ich Haken für all die Küchenwerkzeuge angebracht, die ich brauche und gerne verwende. So kann tatsächlich die Zubereitung einer Erdnusssoße damit beginnen, dass ich den Schneebesen am Haken hängen sehe, der Knoblauch wird dank einer Reibe aufgebraucht, oder mir fällt ein, dass ich den Teigschaber schon lange nicht mehr benutzt habe. Dann gilt es nur noch, sich die Backschürze umzuhängen! Es heißt, Liebe gehe durch den Magen, aber ich halte es für ganz offensichtlich, dass das Ganze auch noch eine Runde durch den Gesichtssinn muss, damit mehr daraus wird.

TOMATEN

Die Tomaten hängen in der Sonne und genießen ihr Sein: Voller Vitamine erfreue ich Groß und Klein

Inger Hagerup schrieb diese Zeilen über die Tomate, die übrigens kein Gemüse ist, sondern eine Beere. Und es ist wahr, was sie sagt, denn wer hat noch nicht eine sonnengereifte Tomate probiert und dabei „Halleluja" gedacht?

Einmal waren wir im Urlaub in Griechenland. Dort fanden wir am Hafen ein pflanzenbasiertes Bio-Restaurant, einen Familienbetrieb, und schließlich aßen wir jeden Tag, wenn wir unterwegs waren, dort zu Abend. Manchmal waren wir auch mittags da. Jeden Tag kam der Chef selbst aus der Küche, um uns die Spezialitäten des Tages zu beschreiben. Diese variierten von Tag zu Tag, je nachdem, welche Zutaten er von seinem Hof mitgebracht hatte und worauf er Lust hatte. Wir aßen sehr gut – von Moussaka, Dolma und Börek über Suppe, Salate und frisches Obst. Aber das Beste war seine Variante eines griechischen Salates. Um es gleich vorwegzunehmen: Er hatte mit dem griechischen Salat, den Sie im Restaurant um die Ecke bestellen, nichts zu tun. Es gab keinen Blattsalat darin, nur reichlich gute Avocado, Oliven, frischen Dill, Gurke, Olivenöl und vor allem: die rötesten, saftigsten und aromatischsten Tomaten, die wir je gekostet hatten. Sie schmeckten tatsächlich nach Tomaten.

Die meisten Tomaten, die wir in Supermärkten fast das ganze Jahr über kaufen können, haben einen weiten bis sehr weiten Weg hinter sich, und damit sie nicht faulen, wenn sie ankommen, werden sie gepflückt, bevor sie reif sind, und reifen während des Transports. Das Ergebnis sind meist große, blasse und wässrige Tomaten, die nicht nach Tomate schmecken. Es gibt glücklicherweise Ausnahmen, wie z.B. einige der Kirschtomatensorten. Und im Sommer bekommt man auch Tomaten, die in der Region gewachsen sind. Daher verwende ich häufig Tomaten aus der Dose. Sie durften in der Sonne reifen, bevor sie gepflückt wurden, werden kurz blanchiert und dann konserviert. Wenn das Essen nach Tomate schmecken soll, verlasse ich mich auf die Dosen, am liebsten auf die italienischen Sorten, und am allerliebsten auf die Dosen mit ganzen Tomaten, nicht den gehackten. Alternativ könnte man die Tomaten auch einer Wärmebehandlung unterziehen, sodass der leckere Geschmack herausgekitzelt wird, denn das funktioniert auch – mit einer gehörigen Portion Geduld.

TACO-SUPPE
MIT ALLEM, WAS LECKER IST

Wenn Sie das Rezept für die Sommerrollen (S. 89) gelesen haben, haben Sie bereits mitbekommen, dass ich drauf stehe, die Gäste ihr Essen selbst zubereiten zu lassen. Nicht nur, weil ich ein bisschen frech bin, sondern auch, weil ich es sehr gemütlich finde, lange am Tisch zu sitzen.

VORSCHLÄGE FÜR BEILAGEN

WÜRZIGE SÜSSKARTOFFELN (S. 35)

GERÖSTETE KICHERERBSEN AUS DEM
    OFEN MIT OLIVENÖL UND KREUZ-
    KÜMMEL, CHILI UND SALZ

TOMATEN UND KNOBLAUCHZEHEN
    AUS DEM OFEN (S. 112)

IN BUTTER GEBRATENE PILZE

GERÖSTETE ERDNÜSSE

NACHOS

GERIEBENER KÄSE NACH GESCHMACK

FEIN GEHACKTE FRÜHLINGSZWIEBELN
    UND RUCOLA

WARMES PITABROT

LIMETTENSOSSE (S. 26)

AVOCADOSPALTEN

LIMETTEN- ODER ZITRONENSPALTEN

FÜR CA. 4 PORTIONEN

RAPSÖL

2 GROSSE SCHALOTTEN

SALZ

5 KNOBLAUCHZEHEN

1 GROSSER JALAPEÑO ODER 2 CHILIS

2–3 TL PAPRIKAPULVER

1 TL RAUCHPAPRIKA

2–3 TL KREUZKÜMMEL

3 DOSEN TOMATEN

250 ML WASSER

1 EL GEKÖRNTE GEMÜSEBRÜHE

1 EL AGAVENSIRUP ODER ZUCKER

So viele leckere Zutaten auf dem Tisch stehen zu haben, die sich die Gäste selbst zusammenstellen können, trägt sehr zur Gemütlichkeit bei. Die Gespräche werden besser, die Erinnerungen auch, und der Abend wird meist länger als geplant. Und genauso sollte es sein.

Tacos sind in Norwegen sehr beliebt, vor allem freitags (auch wenn ich ja finde, man kann Tacos an jedem Wochentag essen). Und diese Taco-Suppe ist – wie Sie sicher bereits gemerkt haben – die Suppenvariante des Taco-Freitags. Zunächst bereitet man einen großen Topf Tomatensuppe zu, die Groß und Klein mag. Und dann müssen Sie nur noch die Menge an Schüsseln, Schalen und Tellern mit Beilagen bereitstellen, für die Sie Lust, Zeit und Ressourcen übrig haben. Eine Taco-Suppe eignet sich auch für eine Mitbring-Party: Bitten Sie die Gäste einfach, eine Schüssel mit einer Zutat mitzubringen, die zur Suppe passt und auf den Tisch gestellt wird. Supergemütlich, superlecker – und nicht zuletzt gut für die Stimmung nach einer anstrengenden Woche. Meine Schwester war es, die mir so eine Suppe zum ersten Mal servierte, also: Tausend Dank, meine liebe Schwester!

Einen geräumigen Topf bei mittlerer Hitze auf den Herd stellen und darin ein paar EL Rapsöl erhitzen. Schalotten fein hacken und mit einer ordentlichen Prise Salz braten, bis sie glasig und goldgelb sind. Dann fein gehackten Knoblauch und Chili zugeben und mit der Zwiebel ein paar Minuten anschwitzen.

Paprikapulver und Kreuzkümmel sowie noch eine Prise Salz unterrühren und alles ein paar Minuten braten, bevor Tomaten, Wasser und gekörnte Gemüsebrühe hinzugefügt werden. Mit weiteren 100 ml Wasser die Tomatendosen ausspülen und die Flüssigkeit in den Topf geben, damit nichts verschwendet wird. Agavensirup oder Zucker unterrühren und den Deckel auflegen.

Die Suppe aufkochen, dann die Hitze reduzieren und das Ganze in Ruhe köcheln lassen. Sie kann gerne eine ganze Stunde lang kochen, wenn Sie so viel Zeit haben, während die Beilagen zubereitet werden. Wenn nicht, sollten es mindestens 10 Minuten sein. Den Topf mit all den Beilagen auf den Tisch stellen und die Gäste sich selbst versorgen lassen.

TOMATENSOSSE
MIT MÖHREN UND LINSEN

Eine ganz einfache Tomatensoße kann mehr sein als nur eine einfache Tomatensoße. Dafür sind nur drei Dinge nötig: Gemüse, rote Linsen und ein Stabmixer. Reichlich gesunde Nährstoffe und dabei genauso glatt und fein wie eine ganz normale Tomatensoße. Mit dieser Soße entwickelt sich das Alltagsgericht „Nudeln mit Tomatensoße" von der etwas einfältigen, nicht besonders nahrhaften Notlösung zur vollwertigen, leckeren Mahlzeit für alle. So einfach und so himmlisch lecker – und mehr muss man dazu auch nicht sagen.

Wenn Sie sie ein paar Mal zubereitet haben, bietet diese Tomatensoße unendliche Variationsmöglichkeiten. Sie können fertige Linsen benutzen, um die Kochzeit zu verkürzen, die Gewürze je nach Tagesform anpassen und Gemüsereste verarbeiten. Es wird ohnehin alles püriert, daher dürfen Sie hier auch ruhig größere Stücke schneiden. Die Soße lässt sich hervorragend portionsweise einfrieren, für ein noch schnelleres Abendessen.

Zwiebel grob hacken und bei mittlerer Hitze mit Butter oder neutralem Öl in einen Topf geben. Möhren reiben und mit Paprika, grob gehacktem Knoblauch und Chili hinzufügen. Rosmarin, Thymian, Salz und Pfeffer zugeben und die Mischung im Topf anschwitzen, bis die Zwiebel weich und glasig ist.

Von den Linsen aus der Dose die Flüssigkeit abspülen und sie dann mit den Tomaten in den Topf geben. Mit den 100 ml Wasser die Tomatendose ausspülen und die Flüssigkeit ebenfalls hinzufügen. Wenn Sie trockene Linsen verarbeiten, geben Sie sie zusammen mit den Tomaten und dem Wasser in den Topf und lassen sie das Ganze 10 Minuten köcheln, bevor Sie mit dem nächsten Schritt fortfahren. Die Tomaten mit einem Kochlöffel leicht zerdrücken.

Die Soße 4–5 Minuten kochen, dann den Topf vom Herd nehmen und das Ganze mit dem Stabmixer direkt im Topf fein pürieren. Zum Schluss getrocknete Petersilie und Olivenöl einrühren und mit Salz und Pfeffer abschmecken.

FÜR 4 PORTIONEN

1 GELBE ZWIEBEL

1 EL BUTTER ODER RAPSÖL

1–2 MÖHREN

1 GEGRILLTE PAPRIKA AUS DEM GLAS ODER 1–2 TL PAPRIKAPULVER

1 KNOBLAUCHZEHE

2 CM FRISCHER ROTER CHILI, EVTL. ETWAS CHILIPULVER

1 TL GETROCKNETER ROSMARIN

1 TL GETROCKNETER THYMIAN

1 TL SALZ

1 TL GROB GEMAHLENER PFEFFER

250 G (1 DOSE) FERTIGE LINSEN

400 G (1 DOSE) DOSENTOMATEN

100 ML WASSER

1 TL GETROCKNETE PETERSILIE

1 EL GUTES OLIVENÖL

TOMATEN GEBACKEN
BEI NIEDRIGTEMPERATUR

Mit ganz normalen Tomaten passiert etwas Magisches, wenn man sie halbiert, auf ein Backblech legt, bei mittlerer Hitze in den Ofen gibt und dort lässt. Und lässt. Und lässt. Bis schließlich die Küche und auch das übrige Haus fantastisch duften, mit einer Süße und Wärme erfüllt sind, von der man kaum glauben kann, dass es sie wirklich gibt. Aus einer Handvoll gewöhnlicher Tomaten.

SIE BRAUCHEN

3 SCHÄLCHEN KIRSCHTOMATEN

1 EL GUTES OLIVENÖL

1 TL MALDONSALZ ODER EIN ANDERES
    GUTES SALZ

EVTL. ROSMARIN ODER THYMIAN

Die Magie heißt Umami. Mit Umami wird meist die fünfte Geschmacksrichtung nach salzig, süß, sauer und bitter bezeichnet. Und kaum zu glauben, aber wahr: Umami wurde von Forschern entdeckt, obwohl der Geschmack als solcher schon immer da gewesen ist. Tatsächlich besitzen wir für den Umami-Geschmack eigene Geschmacksrezeptoren, im Gegensatz zu den anderen Geschmacksrichtungen, die gesammelt wahrgenommen werden, bevor unser Gehirn sie wieder voneinander unterscheidet. Das bedeutet, dass Umami in unserem Geschmacksregister einen ganz besonderen Platz einnimmt.

In vielen der Rezepte in diesem Buch ist Umami ein Thema, denn Sie finden Umami in Nüssen und Samen, Pilzen, Sojasoße, Nährhefe, Miso – und in vielen Gewürzen und Gemüsesorten, wenn sie wärmebehandelt werden. Für mich ist es der Geschmack, der bewirkt, dass ein Gericht rund wirkt. Und diese Tomaten sind die Manifestation von Umami in einer einzigen Zutat. Denn wenn diese Tomaten längere Zeit im Ofen backen und karamellisieren, dürfen Sie sich auf eine ordentliche Umami-Bombe freuen.

Ich nehme hierfür Kirschtomaten, aber es funktioniert mit allen Tomatensorten. Tomaten waschen, halbieren und auf ein mit Backpapier ausgelegtes Backblech legen, mit der Schnittfläche nach oben. Mit Olivenöl beträufeln, mit Salz und ggf. frischen Kräutern bestreuen und bei 100 °C auf mittlerer Schiene in den Ofen stellen. Insgesamt 4–5 Stunden dort stehen lassen, je nachdem, wie viel Wasser die Tomaten enthalten.

Wenn Sie nicht alle auf einmal verbrauchen – z.B. als Snack, für Tapas, in Salaten, Sandwiches, auf Pizzas oder Quiches – füllen Sie sie in ein Glas mit Olivenöl und bewahren Sie dieses im Kühlschrank auf. Sie halten sich dort problemlos eine Woche.

CHILI SIN CARNE
MIT QUINOA UND GRÜNKOHL

Ja, das Gericht braucht etwas Zeit. Ja, das sind viele Zutaten. Ja, es ist ein wenig umständlich. Aber glauben Sie mir bitte, wenn ich sage, dass es das wert ist. Es gibt wenig, was dieses Gericht schlägt, wenn man abends geschafft und müde ist, draußen nicht gerade das beste Wetter ist und die Couch lockt. Eine große Schüssel mit Chili, ein großer Klecks Guacamole darauf (S. 35), etwas frischer Koriander und ein wenig Cashewcreme (S. 189) oder Sauerrahm und eine gute Handvoll Nachos. Und dann kommt die Entspannung.

Bei Chili darf man genau das verarbeiten, worauf man Lust hat. Für mich bedeutet das würzige gebackene Süßkartoffeln, genau wie zu den Tostadas (Seite 35), Mais, Quinoa, Bohnen, Möhren und obendrauf ein wenig Grünkohl. Das sind so viele frische Zutaten, die Geschmack abgeben, dass weitere getrocknete Gewürze als die auf den Süßkartoffeln gar nicht nötig sind, und ich finde, genau das ist es, was diesen Eintopf so lecker macht: all die unglaublich guten Aromen vereint in einem riesengroßen Topf.

Den Ofen auf 200 °C vorheizen, die Süßkartoffel schälen und würfeln. Ein paar EL Olivenöl mit der Gewürzmischung verrühren, mit den Süßkartoffelwürfeln vermengen und das Ganze auf einem Backblech ausbreiten. Das Blech in den Ofen stellen und die Kartoffeln ca. 15 Minuten backen.

In einem Topf mit dickem Boden ein paar EL Rapsöl bei mittlerer Hitze erwärmen. Schalotten fein hacken und im Topf goldgelb und weich werden lassen, während Chili und Knoblauch fein gehackt und mit einer Prise Salz und 1 TL Kreuzkümmel hinzugefügt werden. Ein paar EL der Korianderstängel fein hacken und diese zur Gewürzmischung geben. Statt des frischen Korianders können Sie auch getrockneten oder gemahlene Koriandersamen nehmen. Die Gewürzmischung ein paar Minuten anschwitzen.

Die Dosentomaten mit den unter Wasser abgespülten Bohnen und in Scheiben geschnittenen Möhren in den Topf geben. Die Tomaten mit einem Kochlöffel leicht zerdrücken. Aufkochen lassen, dann Zucker und dunkle Schokolade oder Kakaopulver sowie den Mais hinzufügen. Den Eintopf köcheln lassen, bis die Kartoffeln gar sind.

Sie können den Grünkohl direkt in den Topf geben, aber ich sautiere ihn lieber vorher, damit er sich leichter kauen lässt. In einer Pfanne etwas Öl erhitzen, den Grünkohl waschen und in große Stücke reißen, die 4–5 Minuten in der Pfanne liegen dürfen, bevor sie mit einem Schuss Olivenöl, einer Handvoll frischem Koriander und einem ordentlichen Spritzer Limettensaft in den Topf kommen. Zum Schluss ein paar Löffel gekochte Quinoa als Topping auf das Chili geben.

FÜR 4 PORTIONEN

RAPSÖL ODER ANDERES NEUTRALES ÖL

4 SCHALOTTEN

½–1 ROTER CHILI

3 KNOBLAUCHZEHEN

SALZ

KREUZKÜMMEL

FRISCHER KORIANDER MIT STÄNGELN

2 DOSEN TOMATEN

1 DOSE GEMISCHTE BOHNEN

2 MÖHREN

1 TL (BRAUNER) ZUCKER

2 STÜCKE DUNKLE BLOCKSCHOKO-
    LADE ODER 1 TL KAKAOPULVER

1 DOSE MAIS

OLIVENÖL

LIMETTENSPALTEN

GEKOCHTE QUINOA ZUM SERVIEREN

WÜRZIGE SÜSSKARTOFFELN

1 MITTELGROSSE SÜSSKARTOFFEL

ETWAS OLIVENÖL

1 TL KREUZKÜMMEL

1 TL SALZ

½ TL CHILIPULVER (ACHTUNG: SCHARF!)

½ TL ZIMT

SAUTIERTER GRÜNKOHL

2 STIELE GRÜNKOHL

RAPSÖL

GEBACKENE
KICHERERBSEN-TOMATEN-SUPPE

Die Tomate hat also eine fantastische Eigenschaft: Sie ändert ganz und gar ihren Geschmack, wenn sie mit Wärme behandelt wird. Vorher wässrig, blass und beinahe sauer werden selbst die langweiligsten Tomaten warm, voller Süße und einfach fantastisch. Denken Sie daran, wenn Sie das nächste Mal diese großen, leicht armseligen Tomaten im Supermarkt sehen, erbarmen Sie sich ihrer und nehmen Sie einige davon mit nach Hause. Denn sie passen perfekt in eine Suppe, für welche die Zutaten vorher gebacken werden.

FÜR 2 GROSSE PORTIONEN

10–12 GANZ NORMALE TOMATEN

1 DOSE GEKOCHTE KICHERERBSEN

1 GELBE ZWIEBEL

4–5 KNOBLAUCHZEHEN

SALZ UND PFEFFER

OREGANO, ENTWEDER FRISCH ODER
   GETROCKNET

CHILIPULVER

OLIVENÖL

ZUCKER ODER HONIG

PESTOBROTE

2 SCHEIBEN BROT

PESTO

Dies ist keine Suppe, die man nach der Arbeit in wenigen Minuten produziert. Das Blech mit Tomaten, Zwiebeln, Knoblauch und Kichererbsen muss eine Weile im Ofen stehen, so lange wie möglich, damit alle Aromen zu ihrem Recht kommen. Tipp: Essen Sie heute etwas anderes und stellen Sie dabei das Blech in den Ofen. Dann muss das Essen morgen nur noch aufgewärmt werden. Und wer wüsste das wochentags nicht zu schätzen? Dank der Kichererbsen ist dies eine extrem gesunde und proteinreiche Suppe, und der Geschmack lässt sich je nachdem, welche Gewürze Sie verwenden, variieren.

Sie brauchen den Ofen nicht vorzuheizen, stellen Sie ihn auf 150 °C ein und beginnen Sie mit den Tomaten. Tomaten vierteln und mit den abgespülten Kichererbsen auf ein mit Backpapier ausgelegtes Backblech legen. Zwiebel schälen, in Spalten schneiden und zu den Tomaten aufs Blech geben. Die Knoblauchzehen mit der flachen Seite eines Messers zerdrücken, die trockene Schicht entfernen und auch diese auf das Blech legen. Mit 1 TL Salz und ein paar Zweigen frischem Oregano oder 1–2 TL getrocknetem Oregano bestreuen. Das Blech in den Ofen stellen.

Die Backzeit hängt von den Tomaten und davon ab, wie viel Zeit Sie haben. Meine bleiben etwa 1,5 Stunden bei 150 °C im Ofen, Sie können den Prozess aber beschleunigen, wenn Sie die Hitze auf 200 °C erhöhen. Wenn die Tomaten zusammengefallen und runzelig geworden sind, die Zwiebeln glänzen und der Knoblauch mehr oder weniger glasig ist, können Sie das Blech aus dem Ofen nehmen.

Gleichzeitig bereiten Sie die Pesto-Brote vor. Die Scheiben mit Pesto bestreichen und in den Ofen schieben, während Sie die Suppe finalisieren.

Das Gemüse und Flüssigkeit, die sich evtl. auf dem Blech gebildet hat, in den Topf geben. Mit einem Stabmixer glatt pürieren, ggf. mit Wasser verdünnen, wenn die Suppe zu sämig ist, und mit Chilipulver, Olivenöl, Salz und Pfeffer abschmecken. Ich habe mit ½ TL Chili, 1 EL Olivenöl, 1 EL Honig, 1 Prise Salz und ein paar Runden aus der Pfeffermühle gewürzt. Vor dem Servieren einmal aufkochen lassen.

TOFU

Keine Angst vor Tofu

Ich bin die erste, die zugibt, dass sie sehr lange gebraucht hat, um den Tofu-Code zu knacken, und dafür gab es mehrere Gründe. Zunächst einmal wusste ich nicht, dass Tofu lecker sein kann, denn jedes Mal, wenn ich ihn in Restaurants bestellte, war er das nicht. Gleichzeitig las und hörte ich überall, wie fantastisch Tofu sei. Das war verwirrend! Ich wollte auch in Tofu machen! Es blieb mir nur eine Möglichkeit: Ich musste gründlich zu Werke gehen. Das ist jetzt bald 10 Jahre her, und ich glaube, ich kann sagen, dass ich den Tofu-Code ziemlich gut geknackt habe, denn jetzt liebe ich Tofu – ja, tatsächlich – und ich hoffe, dass andere hierfür nicht ganz so lange brauchen.

Also, zunächst einmal: Was genau ist eigentlich Tofu? Tofu kommt dabei raus, wenn man Sojabohnen abspült, kocht, abseiht und auspresst, um es ganz einfach zu formulieren. Soweit man weiß, entstand Tofu vor etwa 2.000 Jahren in China und kann daher kaum als neumodisch bezeichnet werden, auch wenn er in unserer westlichen Welt noch ziemlich neu ist. Er enthält viele Nährstoffe, vor allem Proteine und Kalzium, dabei aber sehr wenig Fett und Kalorien. Tofu hat kaum Eigengeschmack, ist aber in der glücklichen Position, Geschmackszusätze bemerkenswert gut aufzunehmen, und kann daher sozusagen überall verwendet werden.

Tofu gibt es in zahlreichen Varianten, und ein guter Ansatzpunkt ist, sich zunächst einmal den Unterschied zwischen Seidentofu und festem Tofu zu merken. Seidentofu hat eine sehr glatte und geleeartige Konsistenz, während fester Tofu während der Zubereitung seine Form behält und eine ganz andere Konsistenz hat. In normalen Supermärkten steht Seidentofu häufig bei den trockenen Lebensmitteln und fester Tofu im Kühlregal. Alle meine Rezepte beziehen sich auf festen Tofu.

Tofu ist eine Frischware mit Mindesthaltbarkeitsdatum, er hält sich also nicht unendlich lang im Kühlschrank, kann aber eingefroren werden! Vor allem fester und extra fester lässt sich ganz hervorragend einfrieren. Er erhält eine noch markantere Textur, wenn er aufgetaut wird, verliert noch mehr Wasser, wenn er ausgedrückt wird und nimmt an Masse und leckerem Geschmack zu.

Soll der Tofu mariniert werden, ist es meist sinnvoll, ihn zunächst auszupressen, damit er so viel Wasser wie möglich verliert, das schafft Platz für neue Aromen. Dafür schneiden Sie den Tofu einfach in zentimeterdicke Scheiben, legen ihn zwischen zwei Blätter Küchenpapier auf ein Brett und darauf für etwa zehn Minuten ein paar schwere Kochbücher. Dadurch wird das Wasser herausgepresst und der Tofu ist bereit für die Marinade. Dies macht man mit festen Tofu-Sorten. Würden Sie versuchen, Seidentofu auszupressen, würden Sie den Tofu auf der gesamten Arbeitsplatte verteilen. Und das möchten Sie ja nicht.

MARINIERTER UND GEGRILLTER
TOFU

Ich kenne ein kleines Mädchen namens Kornelia, und ich weiß nicht, ob es noch jemanden gibt, der sich so über gutes Essen freut wie sie. Man muss sogar seinen Teller vor ihren kleinen Kinderhänden schützen, denn das eine oder andere verschwindet schnell, wenn ihr etwas ins Auge gefallen ist, auf das sie große Lust hat.

FÜR 2–4 PORTIONEN

200 G FRISCHER, FESTER TOFU

2 KNOBLAUCHZEHEN

2 CM INGWER

5–6 EL FEIN GEHACKTE FRÜHLINGS-
ZWIEBELN

1–2 TL SRIRACHA ODER EINE ANDERE
CHILIPASTE

1–2 TL GERÖSTETES SESAMÖL

1 TL APFELESSIG ODER EIN ANDERER
MILDER ESSIG

100 ML TAMARI- ODER SOJASOSSE

1–2 TL AGAVENSIRUP ODER HONIG

Genau das passierte an einem Sommertag, als wir in einem Garten im Stadtteil Tøyen in Oslo grillten. Wir hatten eine große Schüssel Avocado-Fenchel-Salat (S. 86) und eine Dose mit mariniertem Tofu dabei. Die feinen Scheiben wurden auf den Grill gelegt und an alle am Tisch verteilt, auch an Kornelia, die damals zwei Jahre alt war. Mit der Nase gerade über der Tischkante, die Augen konzentriert auf ihren Teller und die Teller der anderen gerichtet, hatte sie genau im Blick, wer wie viel gegrillten Tofu hatte, und wenn ein Paar zwei Jahre alter Augen dich fragt, ob es deinen Tofu essen darf, ist es schwer, nein zu sagen. Vor allem, wenn schon der erste Bissen vollkommenes Glück bedeutet.

Ein Kunststoff- oder Glasbehältnis mit Deckel bereitstellen, das nicht größer ist als die Menge an Tofu, die Sie hineinlegen möchten. Den Tofu in die gewünschte Form schneiden – ich schneide meinen in Dreiecke, da er sich dann leicht auf den Grill legen lässt und genau mundfüllend auf eine Gabel passt. Die Tofu-Stücke in das Behältnis legen.

Knoblauchzehen, Ingwer und Frühlingszwiebeln grob hacken und zum Tofu geben. Mit Sriracha/Chilisoße, Sesamöl, Apfelessig, Sojasoße und Agavensirup oder Honig auffüllen. Es macht nichts, wenn nicht alle Stücke mit Flüssigkeit bedeckt sind, das passiert nach und nach von allein.

Mindestens 1 Stunde kaltstellen, maximal 1 Tag. Die Stücke auf den Grill legen und 3–4 Minuten liegen lassen, bis sie ein schönes Grillmuster haben, dann können Sie sie wenden. Auf einem Bogen Alufolie kann man sie auf dem Grill ganz einfach warmhalten. Sie können sie auch in einer trockenen Grillpfanne braten.

BBQ-TOFU-BURGER MIT SCHNELL EINGELEGTEN ZWIEBELN UND GURKE

Manchmal ist das einzig Richtige ein leckerer Burger. Und ich meine nicht ein vages „Oh, ich finde, jetzt könnte ich vielleicht einen Burger essen". Nein, ich meine diesen Moment, in dem es tatsächlich keine anderen Alternativen gibt. Einen Burger oder gar nichts.

Wenn man sich so fühlt, reicht ein ganz passabler Burger aus der Gefriertruhe nicht. Nein, wenn die Alternative zum Burger nur ewiger Hunger ist, dann muss es der beste Burger sein, den es gibt. Und das ist dieser BBQ-Tofu-Burger. Oder – wie wir ihn nennen – Gourmetburger. Wenn ich den Gourmetburger zubereite, dann heißt es ganz oder gar nicht. Ich presse den Tofu aus, ich bereite Gewürzmischung und Soße selbst zu und bereite vor, womit ich den Burger belegen möchte. Nichts wird dem Zufall überlassen, wenn es um die Wahl zwischen dem Burger und ewigem Hunger geht, das versteht sich wohl von selbst.

Zunächst den Tofu auspressen; dazu eine Lage Küchenpapier auf ein Brett legen, darauf den Tofu legen, darauf wiederum eine Lage Küchenpapier und dann ein paar schwere Kochbücher. So kann er ca. 15 Minuten liegen bleiben, bis der Ofen vorgeheizt ist (200 °C). In der Zwischenzeit wird in einer Schüssel die Gewürzmischung angerührt, in einer anderen die Soße.

Die Tofu-Scheibe so halbieren, dass sie eine Art viereckige Burgerform erhält, ganz so, als würde man einen Tortenboden aufschneiden, um ihn mit Creme zu füllen. Ein Blatt Backpapier auf ein Blech legen, mit etwas Rapsöl bepinseln und mit den Händen die Gewürzmischung vorsichtig in den Tofu einreiben. Das Backblech in den Ofen stellen und den Tofu darin 25–30 Minuten backen. Nach der Hälfte der Zeit wenden.

Während der Tofu im Ofen ist, können Sie Gurken und Zwiebeln vorbereiten. Dazu die rote Zwiebel in dünne Scheiben schneiden und in frisch gepressten Zitronensaft einlegen. Die Gurke schneiden Sie mit einem Käsehobel oder einer Mandoline dünn auf und mischen sie mit Wasser, Essig, Zucker und ein wenig frisch gemahlenem Pfeffer. In dieser Marinade dürfen die Gurken kurz ziehen. Cashewcreme (alternativ geht auch Mayonnaise) mit Chilisoße verrühren.

Wenn der Tofu fertig ist, ist es Zeit, die Pfanne bei mittlerer Hitze zu erwärmen. 1 TL Rapsöl und anschließend die BBQ-Soße hineingeben, unter Rühren erhitzen, sodass der Zucker sich auflöst und sich alles gut vermischt, bevor Sie die Tofu-Stücke in die Pfanne geben. Darauf achten, dass der Tofu rundum mit Soße bedeckt ist, und 5–6 Minuten in der Soße ziehen lassen, bis das Ganze heiß, klebrig und lecker ist.

Und jetzt nur noch den Burger mit all Ihrer Liebe zusammenbauen.

FÜR 2 BURGER

200 G ROHER TOFU NATURELL

2 TL RAPSÖL

½ ROTE ZWIEBEL

1 ZITRONE

½ GURKE

200 ML WASSER

1 EL ESSIG

1 EL ZUCKER

PFEFFER

CASHEWCREME (S. 189)

CHILISOSSE/SRIRACHA

2 BURGER-BRÖTCHEN

GEWÜRZMISCHUNG

1 EL SENFPULVER

1 EL ZWIEBELPULVER

½ EL RAUCHPAPRIKAPULVER

½ EL KNOBLAUCHPULVER

½ TL KREUZKÜMMEL

½ TL GEMAHLENER PFEFFER

½ TL CHILI ODER CAYENNEPFEFFER

BBQ-SOSSE

6–8 EL KETCHUP

1 FEIN GEHACKTE SCHALOTTE

2 FEIN GEHACKTE KNOBLAUCHZEHEN

2 EL BRAUNER ZUCKER (GGF. WEISSER)

1 EL REISESSIG

½ TL CAYENNEPFEFFER ODER CHILI-PULVER

½ TL PFEFFER

BLACK-PEPPER-
TOFU

Wenn ich Tofu-Skeptiker zu Besuch habe, serviere ich ihnen dieses Gericht. Rauchheißer Tofu, der erst paniert und dann mit einer Soße mit vielen leckeren Zwiebeln und Soja glasiert wurde, bestreut mit ganz viel frischen Frühlingszwiebeln, und dazu eine Schale frisch gekochter Reis. Dem kann man einfach nicht widerstehen, unmöglich. Dies ist auch das erste meiner Rezepte, das der Renner bei Freunden und Bekannten wurde, vor allem bei denen, die früher ein wenig Angst vor Tofu hatten. Es ist mit anderen Worten der Weg zum Herzen, wenn es um Tofu geht.

FÜR 2 PORTIONEN

CA. 400 G TOFU

4–5 EL MAISSTÄRKE

RAPSÖL ODER ERDNUSSÖL

6 KLEINE SCHALOTTEN

1 ROTER CHILI

3 KNOBLAUCHZEHEN

3–4 CM INGWER

1 ½ EL ZUCKER (AM BESTEN BRAUNER)

CA. 100 ML SOJASOSSE

CA. 150 ML SÜSSE SOJASOSSE (KETJAP MANIS)

FRISCH GEMAHLENER PFEFFER

FRÜHLINGSZWIEBELN (2–3 STÜCK)

Dies ist eine Variation eines Rezeptes des Starkochs Yotam Ottolenghi, daher der englische Titel. Bei uns zu Hause inzwischen ein Klassiker. Mir schmeckt es am besten, wenn es ein wenig auf der Zunge brennt und mir den Schweiß auf die Stirn treibt, aber bei diesem Rezept bleibt auf jeden Fall Raum, um Chili, Knoblauch oder Ingwer zur perfekten Geschmackskomposition für Sie und Ihren Besuch zusammenzufügen.

Beginnen Sie mit dem Tofu. Wenn Ihnen die Optik wichtig ist, schneiden Sie ihn in gleich dicke Scheiben (etwa 2 cm dick) und pressen Sie ihn zwischen Küchenpapier und ein paar schweren Kochbüchern aus. Wenn Sie das Wasser aus dem Tofu herauspressen, nimmt er später mehr Aroma auf. Die Scheiben in gleich große Würfel schneiden und in Maisstärke wälzen. Wenn es noch ein bisschen schärfer sein darf, mischen Sie Pfeffer und getrockneten Chili unter die Stärke!

In einem Topf mit dickem Boden oder in einer Pfanne reichlich Öl erhitzen, sodass die Tofu-Würfel etwa zur Hälfte bedeckt sind, und sie darin goldbraun braten. Machen Sie die Pfanne nicht zu voll, sondern braten Sie den Tofu lieber in mehreren Durchgängen. Auf einem Teller zur Seite stellen.

Schalotten fein hacken und in 1 EL Öl in einer großen Pfanne anschwitzen, während Sie Chili, Knoblauch und Ingwer fein hacken. Das Ganze braten, bis es weich ist und himmlisch duftet. Dann 1 ½ EL Zucker in die Pfanne rühren. Beide Sojasoßen angießen. Sie können Sie vorher abmessen oder nach Gefühl direkt in die Pfanne geben – hier kann man kaum Fehler machen. Bei niedriger/mittlerer Hitze aufkochen und mit Pfeffer abschmecken. Salz ist nicht nötig, denn davon ist mehr als genug in der Sojasoße enthalten. Mit süßer/salziger Sojasoße und Pfeffer abschmecken. Wenn Sie mit der Soße zufrieden sind, die knusprigen Tofu-Stücke unterheben, bis sie vollständig mit Soße bedeckt sind.

Mit gekochtem Reis servieren und mit reichlich fein gehackten frischen Frühlingszwiebeln bestreuen. Dieses Gericht genießt man am besten sofort, solange die Tofu-Stücke noch knusprig sind.

TOFU-TACOS
MIT MANGO-SALSA

Eine der besten Eigenschaften des Tofu ist, dass er zu allem passt, und wenn man ihn überall verwenden kann, dann auch für Tacos! Dieses Rezept funktioniert besonders gut für Snacks: mundgerechte Portionen scharfer Tofu-Tacos in Kombination mit milder, süßer und leicht säuerlicher Mango-Salsa. Ihre Gäste freuen sich sicher über diese leckeren Snacks, aber natürlich kann man sie auch ganz alleine essen.

Dieses Gericht geht so schnell, dass Sie nicht einmal darüber nachdenken müssen! Statt Fladen oder Taco-Schalen nehme ich Dinkelfladen, denn die werden besonders knusprig und lecker.

◆

Den Tofu von Hand in kleinere Stücke zupfen und in eine Schüssel legen. Wenn Sie die Hände nehmen und kein Messer, wird die Oberfläche, an der die Gewürze haften können, größer, und das bedeutet noch mehr Geschmack. Das Ziel sind mundgerechte Stücke. Knoblauch fein hacken und mit Sriracha, den trockenen Gewürzen und dem Tofu vermengen.

Schalotte fein hacken und in einer Pfanne mit einem guten Schuss Rapsöl erhitzen. Dies ist nicht der richtige Zeitpunkt, um am Öl zu sparen, lassen Sie sich das gesagt sein. Wenn die Zwiebeln glasig werden, die Tofu-Mischung hinzufügen und 5–10 Minuten braten, bis der Tofu schön knusprig ist. Zum Schluss die Frühlingszwiebelringe unterrühren.

In der Zwischenzeit die Mango-Salsa zubereiten: Mango putzen und fein würfeln. Je kleiner, desto besser, finde ich – aber hier geht es ja trotz allem um Zeit, also entscheiden Sie selbst. Zwiebel, Chili und Koriander fein hacken und mit Essig, Olivenöl und Limettensaft zur Mango geben. Umrühren, et voilà! Mango-Salsa in 5 Minuten.

FÜR 2 PORTIONEN

200 G FESTER ROHER TOFU

2 KNOBLAUCHZEHEN

1 EL SRIRACHA (GGF. CHILIPULVER, MENGE NACH GESCHMACK)

1 TL KREUZKÜMMEL

1 TL PAPRIKAPULVER

½ TL SALZ

1 SCHALOTTE

RAPSÖL

1 FRÜHLINGSZWIEBEL IN RINGEN

MANGO-SALSA

½ GROSSE MANGO

1 KLEINE SCHALOTTE/½ ROTE ZWIEBEL

ROTER CHILI, MENGE NACH GESCHMACK

3–4 EL FEIN GEHACKTER FRISCHER KORIANDER

1 EL WEISSWEINESSIG

1 EL OLIVENÖL

SAFT VON ½ LIMETTE

TOFU-BAGUETTE
MIT SELBST EINGELEGTEM GEMÜSE

Eigentlich hat das Tofu-Baguette den schönen vietnamesischen Namen Bánh mì und ist wirklich lecker. Die meisten werden sagen, es sehe aus wie ein französisches Baguette, und da haben sie auch nicht Unrecht, denn Bánh mì bedeutet ganz einfach Baguette auf Vietnamesisch. Ein Gericht, das sich in Vietnam während der französischen Kolonialzeit etablierte. Ganz logisch also, das mit dem Namen.

FÜR 2 PORTIONEN

ERDNUSS- ODER NEUTRALES ÖL ZUM
    BRATEN
200 G FRISCHER TOFU NATURELL
1 TL SOJASOSSE
1 TL ZITRONENSAFT
1 FRANZÖSISCHES BAGUETTE,
    IN 2 HÄLFTEN
1 EL CASHEWCREME (S. 189)
1 TL SRIRACHA
1 GLAS EINGELEGTES GEMÜSE
    (SIEHE UNTEN)
EINIGE SCHREIBEN FRISCHE GURKE
1 FRÜHLINGSZWIEBEL IN RINGEN
FRISCHER KORIANDER
LIMETTENSAFT
EVTL. FEIN GEHACKTE ERDNÜSSE

EINGELEGTES GEMÜSE

1 MITTELGROSSER WINTERRETTICH
    ODER NORMALER RETTICH
3–4 MITTELGROSSE MÖHREN
1 JALAPEÑO ODER CHILI
800 ML WASSER
3 EL REISESSIG
1 EL WEISSWEINESSIG
3 EL WEISSER ZUCKER
2 EL SALZ

Traditionell wird das Brot aus Reis- und Weizenmehl gebacken, und im Gegensatz zum Baguette der Franzosen steht hier nicht der Käse im Mittelpunkt. Das klassische Bánh mì ist gefüllt mit einer Mayonnaise, eingelegtem Gemüse wie Winterrettich und Möhren, Gurke, frischen Kräutern und einem guten Protein, das nicht selten auch in verschiedenen Formen verarbeitet wird. In meinem Bánh mì sind es Cashewcreme, verrührt mit Chilisoße, dicke Tofu-Scheiben gebraten in Zitronensaft und Sojasoße, selbst eingelegtes Gemüse, Frühlingszwiebeln, frischer Koriander – und ein Extraspritzer Sriracha.

Winterrettich und Möhren waschen, putzen und abgießen und mit einem Messer oder einem Julienne-/Spiralschneider in dünne Streifen schneiden. Es macht nichts, wenn sie etwas dicker werden. Jalapeño in dünne Scheiben schneiden. Wasser aufkochen und die Essigsorten, den Zucker und das Salz in einer Schüssel mit Ausgießer verrühren, bis sich der Zucker vollständig aufgelöst hat. Ein großes Glas mit luftdicht verschließbarem Deckel bereitstellen, darauf achten, dass es sauber ist. Das Gemüse ins Glas geben, mit dem Sud begießen und das Glas fest verschließen. Das wars! Wenn Sie das Gemüse am gleichen Tag zubereiten, sollte es mindestens 1 Stunde ziehen.

In einer Pfanne bei mittlerer Hitze ein paar Tropfen Öl erwärmen. Den Tofu längs in dicke Scheiben schneiden, sodass er in das Baguette passt. Die Scheiben in die Pfanne legen und von beiden Seiten braten. Ist der Tofu auf beiden Seiten goldbraun, mit Sojasoße und Zitronensaft beträufeln, die Scheiben wenden und noch ein paar Minuten braten.

Das Baguette längs aufschneiden und innen mit Cashewcreme und Sriracha bestreichen. In das Baguette eingelegtes Gemüse, Gurken, Tofu-Scheiben, Frühlingszwiebeln und Koriander legen. Mit etwas frischem Limettensaft beträufeln, mit Erdnüssen bestreuen – und wenn Sie mögen, gönnen Sie sich ein paar zusätzliche Spritzer Sriracha.

SOBA-NUDELN UND TOFU
MIT INGWER-MISO-SOSSE

Ich räume es gerne ein: Die Kombination aus Nudeln, Tofu, Gemüse und einer Soße ist für mich einfach ein Klassiker. Dieses Gericht kann unendlich variiert werden, aber am besten finde ich es, wenn es ein wenig von asiatischen Aromen geprägt ist, wenn der Tofu schon so weit um die Welt reisen musste. Hier geht es darum, sich von den scheinbar seltenen und schwer erhältlichen Zutaten nicht ins Bockshorn jagen zu lassen.

Dies ist nämlich ein besonders leckeres und gesundes Gericht, sehr nahrhaft, mit viel Geschmack und unendlichen Variationsmöglichkeiten. Der frische scharfe Ingwer verleiht zusammen mit dem milden Miso dem Gericht ein tolles Aroma, und sowohl die Nudeln als auch der Tofu werden alle Nuancen der Soße in sich aufnehmen. Wenn Sie mich fragen, ist dies ganz einfach die Luxusvariante eines Tofu-Gerichts.

▼

Den Tofu-Block längs halbieren, als würden Sie einen Tortenboden zum Füllen aufschneiden. Die Stücke anschließend in 4–6 Dreiecke schneiden. Misopaste und geriebenen Ingwer mit Wasser vermengen und zur Seite stellen. Frühlingszwiebeln fein hacken und ebenfalls zur Seite stellen.

Die Nudeln nach Packungsanweisung kochen und anschließend sofort mit kaltem Wasser abschrecken, um den Garprozess zu stoppen. Mit ein paar Tropfen Sesamöl beträufeln, damit sie nicht aneinanderkleben. Das Gemüse kurz über kochendem Wasser dämpfen, es sollte immer noch knackig sein.

Eine Pfanne mit dickem Boden auf höchster Stufe erhitzen und, wenn sie heiß ist, Sesam- oder ein neutrales Öl zum Braten hineingeben. Die Tofu-Stücke vorsichtig in die Pfanne legen (aufpassen, es kann spritzen) und auf beiden Seiten goldbraun braten. Mit einer Bratpinzette geht das Wenden am einfachsten.

Wenn der Tofu auf beiden Seiten braun ist, die Hitze auf mittlere Stufe reduzieren und die Miso-Mischung hinzufügen. Ein paar Minuten einkochen lassen.

Die Nudeln auf Teller verteilen, Tofu und Gemüse darauflegen, dann mit der Soße begießen und zum Schluss mit Frühlingszwiebeln und Sesam bestreuen.

FÜR 2 PORTIONEN

200–250 G FRISCHER TOFU

2 EL WEISSES MISO

3 EL FEIN GERIEBENER FRISCHER INGWER

150 ML KOCHENDES WASSER

2 FRÜHLINGSZWIEBELN

1 PACKUNG/150–200 G SOBA- ODER WEIZENNUDELN

1 EL SESAMÖL

GEMÜSE NACH GESCHMACK: ERBSEN, EDAMAME, GRÜNE BOHNEN, ZUCKERSCHOTEN, BROKKOLI ETC.

2 EL NEUTRALES ÖL, Z.B. RAPS-/SONNENBLUMENÖL

SESAM, SCHWARZ UND/ODER WEISS, EVTL. GERÖSTET

PROTEINE AUS DEM PFLANZENREICH

Ich kann guten Gewissens behaupten, dass ich diese Frage im Laufe der letzten 12–13 Jahre (seit ich vegetarisch esse) am häufigsten beantwortet habe: Aber wie bekommst du genug Proteine?

Glücklicherweise ist es ja nicht so, dass wir Menschen von tierischen Proteinquellen abhängig sind, um genug Proteine zu bekommen. Andererseits ist es nicht verwunderlich, dass wir in den skandinavischen Ländern dies glauben, weil viele der besten Quellen für pflanzliche Proteine uns rein geografisch nicht zur Verfügung standen, und sie waren lange auch nicht Teil unserer Esskultur. Dies hat sich glücklicherweise verändert, je mehr Wissen wir uns über Lebensmittel angeeignet haben, und im Laufe der letzten Jahre haben auch die Gesundheitsbehörden begonnen, anders über vegetarische Ernährung zu reden. Man wird meist aufgefordert, man sollte sich bewusst machen, was man zu sich nimmt, wenn man sich für eine vegetarische Ernährung entscheidet, aber wenn Sie mich fragen, sollte diese Aufforderung für uns alle gelten, unabhängig von der Art der Ernährung. Unabhängig davon, was wir essen, was wir nicht essen, nicht vertragen oder nicht essen wollen, ist das Wissen über die Nährstoffe und ein gewisses Verständnis dessen, was wir für einen gesunden Körper essen müssen, für alle relevant.

Warum brauchen wir Proteine?
Proteine werden häufig als „Bausteine des Körpers" bezeichnet. Sie sind wichtig, damit der Körper funktioniert, und vor allem unsere Muskeln sind abhängig von guten Proteinquellen, damit es ihnen gut geht. Wenn wir Proteine zu uns nehmen, werden diese in etwa 20 wichtige Aminosäuren umgewandelt, und etwa 10 davon produziert der Körper nicht selbst – sie müssen also über die Ernährung kommen. Die aufgenommenen Aminosäuren werden wiederum in Proteine umgewandelt, die sich überall dort im Körper verteilen, wo sie benötigt werden. Wenn es um den Proteinbedarf geht, sprechen wir meist von „Gramm pro Kilogramm pro Tag". Die Weltgesundheitsorganisation empfiehlt, dass man etwa 0,75 Gramm pro Kilogramm Körpergewicht pro Tag zu sich nimmt – also ca. 55 Gramm Proteine täglich, wenn Sie 75 Kilogramm wiegen. Und je mehr Sie trainieren, insbesondere bei Krafttraining, desto mehr Proteine brauchen Sie.

Es ist nicht schwer, ausreichend Proteine über eine pflanzenbasierte oder vegetarische Ernährung zu sich zu

nehmen, aber dafür sollten Sie wissen, welche Lebensmittel proteinreich sind, und versuchen, mindestens eines, besser noch mehrere dieser Lebensmittel über den Tag verteilt in die Mahlzeiten zu integrieren.

Zusätzlich zu den hier beschriebenen Zutaten sind Reis, Getreide und Nudeln gute Proteinquellen, außerdem Chia, Hanf und alle Arten von Kernen und Samen.

Nüsse

Nüsse sind nicht nur eine gute Proteinquelle, sie enthalten außerdem die richtige Art an Fetten, die wir für unseren Körper brauchen. Sie sind also sowohl gesund als auch recht fett, daher ist nur eine moderate Menge empfehlenswert. Rohe oder trocken geröstete Nüsse sind eine bessere Alternative als die, welche in Öl geröstet werden. Achten Sie beim Kauf von fertiger Nussbutter oder Nussmilch darauf, dass die Produkte möglichst wenig zugesetzte Fette enthalten. Bereiten Sie sie selbst zu, können Sie auf Zusatzstoffe verzichten. Cashewkerne sind außerdem eine hervorragende Basis für Dips und Soßen.

Bohnen

Bohnen enthalten unglaublich viel Protein – 400 Gramm Kidneybohnen enthalten 26 Gramm Protein! Es gibt unendlich viele Varianten – Butterbohnen, Kidneybohnen, schwarze Bohnen, weiße Bohnen, Pinto-Bohnen – alle mit verschiedenen Eigenschaften und Geschmack. Wenn Sie bisher der Auffassung waren, Bohnen sollten so, wie sie sind, direkt aus der Dose verzehrt werden, haben Sie noch einen weiten Weg vor sich. Die meisten Bohnensorten bekommen Sie sowohl getrocknet in der Tüte (diese müssen eingeweicht und gekocht werden) als auch fertig gekocht in der Dose.

Kichererbsen

Kichererbsen sind die besten Freunde aller Vegetarier (oder sollten es sein). Sie lassen sich einfach für alles verwenden: in Eintöpfen oder Suppen, püriert zu Hummus, als Falafel oder im Ofen geröstet als Topping oder Snack. Außerdem haben sie ein gutes Preis-Leistungs-Verhältnis. Mit 150 g Kichererbsen nehmen Sie ganze acht Gramm Proteine zu sich, und mit einem Falafeln-Gericht decken Sie ruckzuck Ihren gesamten Tagesbedarf und noch mehr.

Tofu

Tofu ist ein Produkt auf Sojabasis und eines der proteinreichsten pflanzlichen Lebensmittel mit 10–20 Gramm pro 100 Gramm. Ein Tofu-Gericht, am besten noch in Kombination mit Quinoa, Nüssen und Erbsen, wird so zu einer prima Protein-Bombe. Während Tempeh aus fermentierten Sojabohnen besteht und nicht ganz einfach zu bekommen ist, gibt es Tofu glücklicherweise fast überall, und dieser lässt sich unendlich variieren.

Grünes Gemüse

Grundsätzlich enthält Gemüse weniger Proteine als Bohnen, Nüsse und Samen. Aber auch viele grüne Gemüsesorten enthalten reichlich Proteine, vor allem Spinat, Brokkoli oder grüner Spargel. Natürlich sollten Sie auch wegen der anderen Nährstoffe und Vitamine viel Gemüse essen, aber als Faustregel gilt: Jede Mahlzeit sollte mindestens eine grüne Gemüsesorte enthalten. 100 Gramm Brokkoli enthalten drei Gramm Protein, während 100 Gramm Spinat zwei Gramm enthalten.

Quinoa

Quinoa ist eine meiner Lieblingsquellen für Proteine, und zum Glück handelt es sich auch noch um ein vollständiges Protein, d.h. es enthält alle Aminosäuren, die der Körper nicht selbst produziert, aber benötigt. Quinoa ist unglaublich vielfältig verwendbar, Sie können sie gekocht pur essen oder als Grundlage für andere Gerichte verwenden (es gibt sogar Quinoa-Chips). Darüber hinaus handelt es sich um ein sehr mageres Produkt, das auch noch viel Eisen, Ballaststoffe und Magnesium enthält.

Buchweizen

Buchweizen ist gar kein Weizen, sondern eine kleine Nuss – die mit dem Rhabarber verwandt ist. Ja, tatsächlich! Unabhängig davon ist Buchweizen extrem gesund und ebenfalls ein vollständiges Protein mit allen Aminosäuren. Sie bekommen Buchweizen ganz, zu Mehl vermahlen und als eine meiner Lieblingszutaten, Soba-Nudeln. Buchweizen ist außerdem glutenfrei, und wenn Sie ganzen Buchweizen kochen, erhalten Sie damit drei Gramm Protein pro 100 Gramm.

Nährhefe

Nährhefe hat vielleicht den merkwürdigsten Namen überhaupt, und sie heißt auch in anderen Sprachen so, wird fast immer wörtlich übersetzt. Nährhefe ist – auch wenn es angesichts des Namens vielleicht naheliegen würde – keine aktive Hefe, sondern eine inaktive, nachdem sie kultiviert und dehydriert wurde. Sie ist weltweit der beste Freund der Veganer, weil sie einen nussigen und an Käse erinnernden Geschmack hat. Und obendrein handelt es sich wiederum um ein vollständiges Protein mit allen neun Aminosäuren, und sie enthält etwa neun Gramm Protein pro 2 EL. Einzelne Hersteller fügen der Nährhefe auch Vitamin B12 zu, dann ist dies aber deutlich auf der Verpackung gekennzeichnet.

MÖHREN UND ROTE BETE

In allen Farben des Regenbogens

Haben Sie schon einmal eine richtig leckere Möhre gegessen? Eine, die so richtig saftig und süß ist, die zwischen den Zähnen knackt, wenn Sie einen Biss nehmen, die besser als jede Süßigkeit der Welt schmeckt? Jedes Mal, wenn ich ein Bund Möhren kaufe, bin ich auf der Jagd nach dieser Möhre. Und wenn das Bund aus eben diesen Möhren besteht, dürfen sie weder mit Flüssigkeit noch mit Hitze in Berührung kommen, sie werden wie Süßigkeiten vernascht!

Möhren sind eine sehr süße Gemüsesorte. Wir sind uns dessen vielleicht nicht bewusst, da wir Süße eher mit synthetischen Süßigkeiten und Zuckerbäckerei verbinden. Vor einigen Jahren führte ich ein Experiment durch: Einige Wochen lang verzichtete ich auf Zucker in meiner Ernährung und aß stattdessen Möhren. Und was für süße Möhren! Plötzlich kamen all die natürlichen süßen Geschmacksrichtungen wieder durch, viel intensiver als zuvor!

Sowohl Möhren als auch Beten gibt es in allen Farben des Regenbogens, auch wenn wir es am häufigsten mit der orangefarbenen Möhre und der Roten Bete zu tun haben. Doch Ihnen können auch gelbe, violette und sogar schwarze begegnen. Die geringelte Tonda di Chioggia sieht aus wie eine Zuckerstange, wenn man sie quer durchschneidet. Und manchmal finden Sie sogar Möhren, die außen lila und innen orange sind. Die Natur bringt hübsche Dinge hervor.

Möhren und Beten sind unglaublich vielseitige Gemüsesorten, widerstandsfähig wie kaum ein anderes Gemüse, über viele tausend Jahre kultiviert und zudem das ganze Jahr über erhältlich, auch wenn sie hier in Norwegen im Sommer Saison haben. Sie können sie dann im Bund kaufen. Und werfen Sie bloß das Grün nicht weg, daraus können Sie ein Pesto zubereiten oder es über den Salat streuen.

Möhren enthalten viele Ballaststoffe und Beta-Carotin, während Beten, vor allem Rote Beten viel Vitamin B und Folat enthalten, zusätzlich zum Kalium. Beide Gemüsesorten lassen sich auf unzählige Weisen zubereiten: gedämpft, gekocht, gebacken, gebraten, gegrillt oder eingelegt, heiß oder kalt.

ROTE-BETE-EINTOPF
MIT ROTKOHL

Bei Borschtsch – oder Rote-Bete-Suppe – hat es am längsten gedauert, bis ich sie mochte. Man hatte sie mir bis dahin glatt püriert serviert, und ich fand sie nicht besonders lecker. Sogar eine Variante mit Wodka wurde mir aufgetischt, die mich aber auch nicht überzeugt hat. Ich fand meist, dass gekochte Rote Bete nicht gerade lecker ist. Doch dank des Rezeptes der coolsten und lustigsten amerikanischen Food-Bloggerin, die ich kenne, Laura Miller, traue ich mich endlich zu sagen, dass ich den Rote-Bete-Suppen-Code geknackt habe.

FÜR 4 PORTIONEN

1 KLEINE GELBE ZWIEBEL

1 GROSSE STANGE LAUCH, NUR DAS WEISSE

1 EL KOKOSÖL ODER NEUTRALES ÖL (KEIN OLIVENÖL)

SALZ

3 KNOBLAUCHZEHEN

1 EL GANZE WACHOLDERBEEREN

1 EL GANZER KÜMMEL

2 EL FRISCHER THYMIAN, FEIN GEHACKT + EIN WENIG ZUM BESTREUEN

GROB GEMAHLENER PFEFFER

2-3 MÖHREN

3 MITTLERE ROTE BETEN

1 L GEMÜSEBRÜHE, AM BESTEN SELBST GEMACHT

1 EL TOMATENMARK

1 EL KÖRNIGER SENF ODER DIJON-SENF

1 DOSE GEKOCHTE BUTTERBOHNEN

¼ KLEINER ROTKOHL

Hier geht es um Gewürze, aber auch um die anderen Gemüsesorten und darum, den Eintopf in Ruhe kochen zu lassen, und zwar ein wenig länger, als meine Geduld eigentlich zulässt. Doch das ist er wert, denn eine Schüssel davon, eine Scheibe Vollkornbrot dazu, etwas frisch gemahlener Pfeffer obendrauf ... Und man ist selig. Danke, Laura!

Zunächst die Zwiebel fein hacken und das Weiße des Lauchs in dünne Scheiben schneiden. Beides in einem Topf mit dickem Boden, in dem Sie das Kokosöl geschmolzen haben, anschwitzen.

Zwiebel und Lauch in Öl mit einer Prise Salz braten, währenddessen Knoblauch fein hacken und hinzufügen. Wacholderbeeren, Kümmel und frischen Thymian zugeben und mit reichlich frischem Pfeffer würzen. Die Wacholderbeeren lassen sich nachher nicht so gut essen; wenn Sie sie also nicht einzeln wieder einsammeln möchten, nehmen Sie ein Gewürzei und geben Sie es zu einem späteren Zeitpunkt dazu, wenn Sie die Flüssigkeit angießen.

Möhren in dünne Scheiben schneiden, Rote Beten in Würfel (denken Sie daran, dass Rote Bete stark färbt, also Vorsicht beim Schneiden!) und beides in den Topf geben. Das Ganze 10 Minuten schmoren. Sollte das Gemüse am Topfboden ansetzen, bereits jetzt 100–200 ml Gemüsebrühe zugeben. Jetzt auch Tomatenmark und Senf einrühren.

Nach 10 Minuten Butterbohnen, Gemüsebrühe und fein geschnittenen Rotkohl hinzufügen. Natürlich können Sie auch Grünkohl nehmen, aber das Lila des Rotkohls passt farblich so schön! Möglicherweise benötigen Sie nicht die gesamte Flüssigkeit; gießen Sie die Brühe nach und nach an und prüfen Sie, wie stark sie einkocht.

Das Ganze bei niedriger/mittlerer Hitze 15–20 Minuten gemütlich vor sich hin köcheln lassen, bis alles durch und durch rot und der Kohl zusammengefallen und weich geworden ist. Ein Stück Rote Bete probieren; wenn sie al dente ist, mit Salz und Pfeffer abschmecken.

MÖHRENSUPPE
MIT CURRY

Möhrensuppe geht immer. So einfach ist das. Alle mögen sie, sie lässt sich kinderleicht zubereiten, aufwärmen oder einfrieren. Sie passt mittags oder abends, schmeckt entweder pur oder mit einer Scheibe Brot und der einen oder anderen Beilage dazu. Doch das Beste an ihr ist, dass sie sich fast von alleine zubereitet. Einfach auf den Herd stellen, köcheln lassen und währenddessen etwas anderes machen. Es gibt ja auch noch andere Dinge, um die man sich kümmern muss.

Weil Möhren ziemlich süß sind, brauchen sie einen Gegenpol. Zwiebeln und Knoblauch sind natürlich dabei, und Kurkuma und Curry sorgen für das tolle Aroma. Eine Dose mit Butterbohnen macht die Suppe noch nahrhafter und außerdem cremig. Hier brauchen Sie nämlich nur kurz den Stabmixer in den Topf zu halten, nachdem die Suppe eine Weile kochen durfte. Ganz einfach.

Einen großen Topf mit dickem Boden bereitstellen. Schalotten/Zwiebel, Knoblauch und Ingwer schälen, grob hacken und mit dem Öl in den Topf geben. Die Zwiebelmischung bei mittlerer Hitze erwärmen, währenddessen die Möhren auf einer groben Reibe zerkleinern. Sie können sie auch klein schneiden, aber gerieben sind sie schneller gar und lassen sich später leichter pürieren.

Wenn die Zwiebelmischung angeschmort und weich ist, Kurkuma, Curry, Salz und Koriander hinzufügen und die Gewürze sich ein paar Minuten lang mit dem Öl und der Zwiebelmischung verbinden lassen. Dann geriebene Möhren, abgespülte und abgetropfte Butterbohnen, Gemüsebrühe, Orangensaft und Wasser zugeben und alles zugedeckt aufkochen lassen. 15–20 Minuten simmern lassen, bis die Möhren sehr weich sind und anfangen, sich aufzulösen.

Den Topf vom Herd nehmen und den Inhalt mit dem Stabmixer zu einer sämigen Suppe pürieren. Mit Salz und Pfeffer abschmecken und vor dem Servieren mit ein wenig Olivenöl und einem Spritzer Zitronensaft beträufeln und mit Kürbiskernen und glatter Petersilie bestreuen.

FÜR 4 PORTIONEN

4 GROSSE SCHALOTTEN ODER
  1 GELBE ZWIEBEL
3 KNOBLAUCHZEHEN
2 EL FRISCHER INGWER
2 EL NEUTRALES ÖL
5 GROSSE MÖHREN
1 EL KURKUMA
1 EL HOT-MADRAS-CURRYPULVER
1 TL SALZ
½ EL GEMAHLENER KORIANDER
1 DOSE BUTTERBOHNEN
1 EL GEMÜSEBRÜHE
SAFT VON ½–1 ORANGE
750 ML WASSER
PFEFFER
ZITRONE UND OLIVENÖL ZUM
  SERVIEREN
GERÖSTETE KÜRBISKERNE UND
  PETERSILIE ZUM BESTREUEN

MÖHRENFALAFELN
MIT SESAMSOSSE

Ich liebe Falafeln, aber ich habe nicht immer die Geduld oder Zeit, einen Tag lang zu warten,
bis die eingeweichten Kichererbsen endlich bereit sind, sich zu Falafeln verarbeiten zu lassen.
Dann nehme ich stattdessen Möhren. Das hört sich vielleicht nach einer seltsamen Lösung an,
aber glauben Sie mir, das ist in Ordnung. Die süße Möhre bekommt Gesellschaft
von vielen guten Gewürzen und einem Dip in üppiger Menge.
Darüber hinaus werden sie im Ofen gebacken statt in viel Öl gebraten.

FÜR CA. 16 FALAFELN

BROT NACH BELIEBEN

SALAT

GEMÜSE NACH GESCHMACK: TOMA-
TEN, PAPRIKA, AVOCADOS, ROTE
ZWIEBELN, PAPRIKA, MÖHREN

MÖHRENFALAFELN

½ GELBE ZWIEBEL

2 FRÜHLINGSZWIEBELN

2–3 KNOBLAUCHZEHEN

1 EL ÖL

4–5 MITTELGROSSE MÖHREN

100 G HAFERFLOCKEN ODER SEMMEL-
BRÖSEL

50 G CASHEWKERNE

1 EL PAPRIKAPULVER

1 EL KREUZKÜMMEL

½ EL SALZ

½ EL PFEFFER

2 EL FEIN GEHACKTER FRISCHER KORI-
ANDER

SESAMSOSSE

2 EL TAHINI

2 EL WASSER

4–5 TROPFEN SESAMÖL/OLIVENÖL

4–5 TROPFEN REISESSIG

8–10 TROPFEN ZITRONENSAFT

1 PRISE SALZ

Das Schöne an Falafeln ist – egal, woraus sie zubereitet wurden –, dass man sie auf vielfältige Weise essen kann: in einem Wrap, im Fladenbrot, vom Teller, mit den Händen oder wie hier als Teil eines üppigen Snacktellers mit warmem Brot, perfekt reifer Avocado und frischem Gemüse. Einfach super für einen Abend mit netten Leuten und guten Gesprächen oder, wenn ich ehrlich sein soll: Das einzig Wahre ist, diese Falafeln zum Snacken mit auf die Couch zu nehmen.

Was meinen Sie? Lassen Sie bitte nicht die Sesamsoße weg, sie kontrastiert einfach toll mit der Süße der Möhren.

Zunächst Zwiebel, Frühlingszwiebeln und Knoblauch grob hacken und in einer Pfanne mit ein paar Tropfen Öl und einer Prise Salz anschwitzen. Den Ofen auf 200 °C (Umluft) vorheizen.

Möhren grob reiben und zur Zwiebelmischung in die Pfanne geben. Während die Möhren schmoren, Haferflocken und Nüsse im Mixer gleichmäßig zerkleinern. Es sollte kein Mehl entstehen, aber zu groß sollten die Stücke auch nicht sein. In eine Schüssel füllen und zur Seite stellen.

Die Möhrenmischung in den Multizerkleinerer geben und etwa auf die gleiche Größe zerkleinern. Dann Gewürze und frischen Koriander untermischen und mit der Haferflocken-Nuss-Mischung strecken, bis sie eine feine Konsistenz hat. Sie sollte noch leicht feucht sein, sich aber problemlos zu Bällchen formen lassen.

Mit den Händen je 1 EL Masse zu Bällchen formen und auf ein mit Backpapier ausgelegtes Backblech legen.

Auf mittlerer Schiene 6–7 Minuten backen, wenden und weiterbacken. Wenn sie schön braun und fest sind, sind sie fertig, das dauert etwa 10–12 Minuten. Während die Bällchen im Ofen sind, die Zutaten für die Sesamsoße verrühren und das frische Gemüse aufschneiden.

HERBSTSALAT MIT WURZELGEMÜSE UND GEBACKENEN BETEN

Die Kombination von erhitzten und rohen Zutaten macht mir Spaß. Alle Gemüsesorten verändern ihren Geschmack, ihre Textur und ihre Konsistenz, wenn sie gebacken werden. Es ist jedes Mal geradezu ein kleines Wunder, dass ein unscheinbares Gemüse auf einmal so groß wird, je nachdem, was wir mit ihm anstellen. Vor allem im Herbst, wenn es überall Massen an regional angebautem ökologischem Gemüse in allen Formen und Farben gibt. Dann ist so ein frisches Gericht wie dieses genau das Richtige.

In diesem Salat kommt daher eine Mischung aus gebackener Süßkartoffel und Kürbis zum Einsatz, der im Herbst Saison hat, ebenso wie rohe Möhren und Rote Beten. Süßkartoffel und Kürbis werden gewürfelt und im Ofen gegart, während Möhren und Rote Beten in hauchdünne Scheiben geschnitten in ein Eisbad kommen. Gemischt mit ein paar Handvoll frischem Spinat und einer Tasse gekochter Quinoa, Vollkornreis oder Bulgur eine farbenfrohe Geschmacksexplosion.

Süßkartoffel und Kürbis müssen gebacken werden, daher zunächst beides schälen und in gleich große Stücke schneiden. Diese auf ein mit Backpapier ausgelegtes Backblech legen, mit etwas Olivenöl beträufeln und mit ein wenig Salz bestreuen. Bei 200 °C (am besten Umluft) für ca. 15 Minuten in den Ofen stellen, bis das Gemüse weich und an den Rändern gebräunt ist.

In der Zwischenzeit Möhren und Rote Beten in so dünne Scheiben wie möglich schneiden (denken Sie daran, dass die Roten Beten färben!). Ich benutze eine Mandoline, aber mit einem Käsehobel oder Messer geht es auch. Zwei Schüsseln mit eiskaltem Wasser bereitstellen, und jeweils die Scheiben hineinlegen, bis es Zeit ist, den Salat zu mischen.

Spinat waschen und putzen, mit Quinoa oder dem Getreide, das Sie nehmen möchten, gebackenem und rohem Gemüse vermengen und als Dressing ein paar Spritzer Zitronensaft und eine Prise Salz darübergeben.

FÜR 2 PORTIONEN

1 SÜSSKARTOFFEL

1 KLEINER KÜRBIS/¼ NORMALER KÜRBIS

OLIVENÖL

SALZ

2 MÖHREN

1 GROSSE ROTE BETE

2–4 GROSSE HANDVOLL SPINAT

160 G QUINOA, WILDREIS ODER
    BULGUR, JEWEILS VORGEKOCHT

EVTL. FRISCHE ZITRONE

ROTES CURRY
MIT SELBST GEMACHTER CURRYPASTE

Es gibt wenig, was einen so gut von innen aufwärmt wie ein rotes Curry. Diese warmen, aromatischen Gewürze, kombiniert mit der mächtigen Kokosmilch und einem Berg gutem Gemüse, nach denen Sie in der Suppenschüssel auf Schatzsuche gehen können ... eine abendfüllende Angelegenheit, wenn Sie mich fragen.

Natürlich müssen Sie die Currypaste nicht selbst zubereiten, aber Sie können, wenn Sie wollen, und dann kriegen Sie es auch hin. Es ist nämlich nicht schwer, Sie müssen dafür nur eine größere Einkaufsrunde drehen, um all die guten Sachen, die zu einer Paste verarbeitet werden sollen, einzusammeln. Erscheint Ihnen dies als unüberwindbares Hindernis – wofür ich vollstes Verständnis habe – kaufen Sie ein Glas rote Currypaste beim Gemüsehändler oder im Supermarkt. Sie schmecken alle ein wenig unterschiedlich und sind nicht zuletzt unterschiedlich scharf, deshalb müssen Sie sich durchprobieren. In diesem Fall sollten Sie nach Thai Red Curry suchen, und wenn ich ehrlich sein soll, sind es die Gläser, auf denen etwas in fremder Sprache steht, die am besten schmecken.

An Gemüse können Sie nehmen, was Sie wollen und mögen. Blumenkohl, Brokkoli, grüne Bohnen, Möhren, große Auberginen, kleine Auberginen, Mini-Mais, Wasserkastanien – Sie haben die Wahl. Mein Lieblingsgemüse in diesem Eintopf ist immer der Blumenkohl, denn es gibt wirklich kaum etwas, das den Geschmack von knackigem Blumenkohl in Kokos-Curry-Soße schlägt.

FÜR 4 PORTIONEN

ROTE CURRYPASTE

1 ½ EL KORIANDERSAMEN

1 TL GANZE PFEFFERKÖRNER

3–4 ROTE CHILIS

2 STÄNGEL ZITRONENGRAS

1 DAUMENGROSSES STÜCK GALGANT, ERSATZWEISE EVTL. INGWER (CA. 3 EL)

4 KNOBLAUCHZEHEN

2 EL GEHACKTE KORIANDERSTIELE

4–5 KAFFIR-LIMETTENBLÄTTER (GERNE GETROCKNET)

CURRY

3 FRÜHLINGSZWIEBELN (NUR DAS WEISSE)

3 SCHALOTTEN

1 EL ERDNUSS- ODER SONNENBLU-MENÖL (GGF. EIN ANDERES GE-SCHMACKSNEUTRALES ÖL)

2 EL CURRYPASTE (NACH GESCHMACK, REZEPT SIEHE OBEN)

2 DOSEN (400 ML) KOKOSMILCH

200 ML WASSER

1 TL SOJASOSSE

2 MÖHREN

½ BLUMENKOHL

6 MINI-AUBERGINEN

1 HANDVOLL FRISCHE GRÜNE BOHNEN

1 PACKUNG FRISCHER MINI-MAIS

1 LIMETTE

FRISCHER KORIANDER

Rote Currypaste

In einer kleinen Pfanne Koriandersamen und Pfefferkörner ohne Fett rösten, bis sie gebräunt sind und sich ihr herrlicher Duft in der Küche ausbreitet. Sie werden geröstet, damit sich die Aromen gut entfalten können, bevor sie gemahlen werden. Mehr Geschmack!

Entscheiden Sie selbst, ob Sie die Samen der Chilis mitverarbeiten möchten oder nicht, das beeinflusst die Schärfe. Chilis säubern und in große Stücke schneiden. Vom Zitronengras den unteren Teil der Wurzel und das obere Ende, das etwas trocken ist, abschneiden, auch die äußerste Schicht entfernen, die ebenfalls ziemlich trocken ist. Den Rest in große Stücke schneiden und zu den Chilis geben. Galgant/Ingwer und Knoblauch schälen und alles zusammen mit den Korianderstielen, den Kaffir-Blättern und den gerösteten Gewürzen in einem kleinen Mixer fein hacken und zu einem Püree verarbeiten.

Wenn Sie keinen Mixer haben (ich benutze das kleine Zusatzgerät, das zum Stabmixer gehört), können Sie auch einen Mörser nehmen. In diesem Fall mit den Gewürzen beginnen und alle Zutaten fein hacken, bevor Sie sie zu einer gleichmäßigen Masse verarbeiten.

Die Paste kann im Kühlschrank 1–2 Wochen aufbewahrt werden. Wollen Sie auch später noch was davon haben, füllen Sie sie in eine Eiswürfelform und frieren Sie sie ein. Dort hält sie sich bis zu 1 Jahr lang.

Rotes Curry

Einen großen Topf mit dickem Boden bereitstellen. Zunächst Frühlingszwiebeln und Schalotten fein hacken und in etwas Öl bei mittlerer Hitze anschwitzen, bis sie glasig sind. Danach Currypaste hinzufügen und verrühren. Die Mischung im Topf 3–4 Minuten schmoren. Danach mit Kokosmilch, Wasser und Sojasoße aufgießen. Die Flüssigkeit sollte nicht sprudelnd kochen, sondern leicht sieden.

Während das Curry köchelt, das gewünschte Gemüse waschen und aufschneiden. Nach und nach in der Reihenfolge von hart bis weich in den Topf geben – wenn Sie die gleichen Gemüsesorten nehmen wie ich, bedeutet das: zuerst Möhren und Blumenkohl, danach Auberginen und Bohnen und zum Schluss den Mini-Mais. Vom ersten bis zum letzten Gemüse sollten etwa 10 Minuten vergehen.

Mit Limettensaft und ggf. mehr Sojasoße abschmecken, wenn es noch salziger sein soll. Zum Ende der Kochzeit eine Handvoll grob gehackten Koriander unterrühren.

Mit frisch gekochtem Reis, Limettenspalten und noch mehr Koriander servieren.

AUBERGINE, ZUCCHINI & KÜRBIS

Die Unnahbaren.
Oder etwa nicht?

Das haben wir alle schon einmal erlebt: Wir stehen in einem Geschäft vor dem Gemüseregal und betrachten Gemüsesorten, die wir immer betrachten, wenn wir dort sind. Wir wissen nicht, wie sie eigentlich schmecken oder was man mit ihnen machen kann. Die unnahbaren Gemüsesorten. Aubergine. Zucchini. Kürbis. Wir nehmen sie kurz in die Hand. Betrachten sie genauer. Betrachten sie noch einmal. Legen sie zurück.

In den meisten Lebensmittelgeschäften haben sie schon eine Weile einen festen Platz im Gemüseregal, aber ich kenne immer noch viele Menschen, die nicht genau wissen, was sie damit machen sollen. Und das ist auch nicht verwunderlich, denn diese Dinge gehören nicht zu unserer Essenstradition. Sie sind in den letzten Jahren hinzugekommen, und ich bin ziemlich sicher, dass ich nicht die einzige von denjenigen bin, die sie probierten, danebenlagen, sie nochmal probierten und nochmal, bevor sie mit diesen Gemüsesorten etwas anfangen konnten. Meine Mutter hat es auch versucht und warf ein paar Auberginen direkt in den Ofen, was an sich keine schlechte Idee ist, aber sie war ziemlich überrascht, als diese schrumpelten und sich in einen Brei verwandelten.

Denn eine Aubergine im Ofen wird zu Mus, das ist so, und wenn Sie ein Baba Ganoush zubereiten möchten, ist das auch in Ordnung – ansonsten eher nicht. Nach und nach findet man jedoch heraus, dass sie ihre ursprüngliche Form behält, wenn sie in der Pfanne gebraten wird, sich die Konsistenz aber völlig verändert und sehr lecker wird, denn eine rohe Aubergine ist nichts Besonderes.

Das Gleiche gilt auch für Zucchini und Kürbis. Die Zucchini ähnelt der Gurke, die sich aber nicht besonders gut erhitzen lässt, wogegen die Zucchini kalt nicht besonders gut ist. Kein Wunder, dass man da verwirrt ist! Und dieser Kürbis, den wir vor allem mit Halloween verbinden, was macht man damit? Essen?

Ja, genau das machen wir!

Für mich haben all die Gemüsesorten auf den nächsten Seiten gemeinsam, dass sie sich wie durch Zauberhand in etwas ganz anderes verwandeln, wenn sie die richtige Wärmebehandlung erhalten und mit anderen, sorgfältig ausgewählten Gemüsesorten zusammen verarbeitet werden. Es ist einfach magisch!

GEFÜLLTE AUBERGINE
MIT SESAMSOSSE UND GRANATAPFEL

Sehr scharfe Chilipaste steht auf der kleinen Dose mit Harissa,
die ich beim Gemüsehändler um die Ecke kaufe. Und da hat die Dose nicht übertrieben,
denn Harissa, die tunesische Variante der Chilipaste, hat ordentlich Feuer.

FÜR 2 PORTIONEN

2 AUBERGINEN

SALZ

2–3 KNOBLAUCHZEHEN

75 G COUSCOUS, EVTL. BULGUR ODER
   QUINOA

200 ML KOCHENDES WASSER

1 DOSE KICHERERBSEN, ABGESPÜLT
   UND ABGETROPFT

1 SCHALOTTE

1 HANDVOLL GLATTE PETERSILIE

1 EL KREUZKÜMMEL

1 TL PAPRIKAPULVER

1 ½–2 TL HARISSA (GGF. ETWAS
   WENIGER) ODER EINE ANDERE
   CHILIPASTE

2–3 EL PISTAZIEN, OHNE FETT GERÖSTET

KERNE VON ½ GRANATAPFEL

SESAMSOSSE

100 ML TAHINI

100 ML WASSER

1 EL SOJASOSSE

1 EL REISESSIG

1 TL AGAVENSIRUP ODER HONIG

1 GERIEBENE KNOBLAUCHZEHE

SALZ UND PFEFFER NACH GESCHMACK

Inzwischen ist dieses Gericht meine Lieblingszubereitungsart für Auberginen: zuerst im Ofen gebacken, dann gefüllt mit einer Masse aus Kichererbsen, Couscous, Zwiebel, Knoblauch, Harissa und ein paar leckeren Gewürzen, und dann wieder ab in den Ofen. Und dann braucht es nur noch ein paar Granatapfelkerne, ein paar frische Kräuter und eine Sesamsoße, bevor Sie Ihre Gabel in diese Herrlichkeit stecken können. Das Tüpfelchen auf dem i ist ein Stück warmes, knuspriges Brot und eine Extraportion Sesamsoße dazu. Sehr lecker!

Zunächst die Auberginen längs halbieren und mit der Haut nach unten auf ein Backblech legen, auf die Schnittfläche etwas Salz streuen, mit einer Gabel anstechen und die Auberginen in den Ofen stellen. Die Knoblauchzehen zusammen mit den Auberginen in den Ofen geben. Etwa 15 Minuten im Ofen lassen, bis Sie mit einer Gabel in die Aubergine stechen können.

75 g Couscous mit 200 ml kochendem Wasser begießen. Abdecken und 3 Minuten stehen lassen. Dann den Deckel wegnehmen, abgetropfte Kichererbsen, fein gehackte Schalotte, ein paar EL fein gehackte Petersilie, Kreuzkümmel, Paprikapulver, Harissa und eine Prise Salz unterheben. Zur Seite stellen.

Die Sesamsoße anrühren und ebenfalls zur Seite stellen. In einer trockenen Pfanne die Pistazien rösten, grob hacken und mit der fein gehackten Petersilie und den Granatapfelkernen unterheben. Das Topping zur Seite stellen.

Wenn die Auberginen gar sind, zusammen mit den Knoblauchzehen aus dem Ofen nehmen. Knoblauch fein hacken und unter den Couscous heben. Mit einem Löffel die Auberginen aushöhlen und die Masse ebenfalls zum Couscous geben. Dabei aufpassen, dass die Haut nicht beschädigt wird, denn die Füllung kommt wieder zurück in die Aubergine.

Die Couscous-Masse noch einmal gründlich durchmischen, mit einer Prise Salz abschmecken und in die 4 Auberginenhälften füllen. Das Blech zurück in den Ofen stellen und 5–6 Minuten backen, am besten bei Umluft, damit die Auberginen oben leicht knusprig werden.

Die Auberginen erneut aus dem Ofen nehmen, auf Teller verteilen, mit der Sesamsoße beträufeln und mit dem Topping bestreuen.

PIZZA MIT GEGRILLTER AUBERGINE UND ZUCCHINI

Diese Pizza ist vielleicht der beste Beweis dafür, wie Gemüse sich verändert, wenn es Hitze ausgesetzt wird. Als ich zum ersten Mal feststellte, was mit Tomaten, Auberginen, Zucchini, Paprika, Zwiebeln, Knoblauch und anderen Leckereien passiert, wenn sie gebacken werden, konnte ich einfach nicht mehr damit aufhören.

Es passiert etwas Magisches, alles verwandelt sich von leicht langweilig, leicht bitter und leicht sauer in etwas voller Süße, Umami, ausgewogener Aromen und mit einer so perfekten Konsistenz, dass es eigentlich nicht erlaubt sein dürfte. Ist es aber!

In einer Rührschüssel lauwarmes Wasser, Öl, Zucker und Hefe mischen, bis sich die Hefe aufgelöst hat, dann Salz und Mehl hinzufügen (nicht alles auf einmal). In der Küchenmaschine bei niedriger Geschwindigkeit etwa 10 Minuten kneten, bis der Teig fest und fein ist. Mit Mehl und Wasser bis zur gewünschten Konsistenz anpassen. Er sollte sich leicht aus der Schüssel lösen. Den Teig mit Klarsichtfolie zugedeckt an einem warmen Ort gehen lassen, dann aus der Schüssel nehmen und in Teiglinge teilen, die leicht durchgeknetet und zu Kugeln geformt werden. Mit den Händen oder einem Nudelholz zwei Pizzaböden formen, so dünn, wie Sie es am liebsten mögen.

Sie können die Paprika selbst im Ofen grillen. Dazu vorher mit Öl einpinseln und bei hoher Temperatur in den Ofen stellen, bis die Haut schwarz ist. In eine Schüssel mit Deckel legen, 10 Minuten warten und dann die Haut abziehen. Für die Paprikasoße alle Zutaten (von der gebackenen Paprika bis zum Salz in der Zutatenliste) in einem Mixer oder Multizerkleinerer zu einer glatten, feinen Soße pürieren. Zucchini und Aubergine dünn aufschneiden und in der Brat- oder Grillpfanne bei hoher Temperatur in Öl braten, bis sie die Feuchtigkeit verloren und ein schönes Grillmuster bekommen haben. Die Kirschtomaten werden halbiert.

Die Pizzaböden ausrollen, mit der Soße bestreichen und mit gegrilltem Gemüse, Tomaten und Pinienkernen belegen. Auf höchster Stufe ganz unten im Ofen backen. Vor dem Servieren mit ein wenig Basilikum bestreuen.

FÜR 2 PIZZEN

PIZZATEIG

150 ML LAUWARMES WASSER

25 ML OLIVENÖL

¼ EL WEISSER ZUCKER

3 G FRISCHE HEFE, GGF. 3 G TROCKEN-
HEFE

¼ EL GUTES SALZ

250 G TIPO-00-MEHL (ITALIENISCHES
WEIZENMEHL)

BELAG

1–2 GEGRILLTE PAPRIKA (GERNE AUS
DEM GLAS)

2 KNOBLAUCHZEHEN

1 TL FEIN GEHACKTER ROTER CHILI

1 EL BASILIKUMBLÄTTER

1 TL ZITRONENSAFT

1 EL OLIVENÖL

1 TL SALZ

½ ZUCCHINI

1 KLEINE AUBERGINE

NEUTRALES ÖL ZUM BRATEN

5 KIRSCHTOMATEN

2 EL PINIENKERNE

FRISCHES BASILIKUM ZUM GARNIEREN

PASTA MIT GERÖSTETEM BLUMENKOHL
UND PAPRIKASOSSE

Wussten Sie, dass Cashewkerne für beinahe alles verwendet werden können? Ja, tatsächlich. Natürlich kann man sie als Snack essen, aber noch besser werden sie, wenn man sie im Essen verarbeitet. Entweder so, wie sie sind, in einem Wok- oder Nudelgericht, oder in Form dieser magischen Cashewcreme (S. 189), die in Dips, Taco-Soßen und Toppings Saure Sahne oder Joghurt ersetzt.

FÜR 2 PORTIONEN

1 BLUMENKOHL

1 EL OLIVENÖL

1 TL PAPRIKAPULVER

SALZ

100–150 G PASTA ODER GNOCCHI
PRO PERSON

GERÖSTETE PINIENKERNE

PASTASOSSE

150 G UNGESALZENE CASHEWKERNE

3 SCHALOTTEN

2 KNOBLAUCHZEHEN

1 ROTER CHILI

RAPSÖL

1 EL WEISSES MISO/GEKÖRNTE
GEMÜSEBRÜHE

3 EL TOMATENMARK

3 STÜCK GEGRILLTE PAPRIKA (S. 161)

1 TL PAPRIKAPULVER

1 TL GEMAHLENER PFEFFER

SALZ

1 HANDVOLL BASILIKUM + ETWAS ZUM
GARNIEREN

100 ML WASSER

1 EL ZITRONENSAFT

Diese Pastasoße ist eine Variante der Cashewcreme und enthält ganz viele andere Leckereien, die sie zu einer der cremigsten und aromatischsten Pastasoßen machen. Diesen Trick habe ich aus einem der Bücher von Isa Chandra gelernt, und wenn Sie erst eine Variante beherrschen, lässt sich davon ausgehend mit Aromen, Zutaten und dem, wozu Sie die Soße essen wollen, experimentieren! Cool, nicht wahr?

Zunächst die Cashewkerne in etwas Wasser aufkochen, wenn Sie sie nicht eingeweicht haben, und etwa 10 Minuten kochen. Den Backofen auf ca. 200 °C (Umluft) vorheizen. Blumenkohl in kleine Röschen zerteilen, auf ein Backblech legen und mit Olivenöl beträufeln und 1 TL Paprikapulver und 1 Prise Salz darüberstreuen. Das Blech in den Ofen stellen und die Blumenkohlröschen grillen, bis sie goldbraun und an den Rändern knusprig sind. Während der Blumenkohl im Ofen steht, die Pasta nach Packungsanweisung kochen. Wenn Sie Gnocchi nehmen, können Sie damit bis ganz zum Schluss warten, denn sie brauchen nur 2 Minuten.

Schalotten, Knoblauch und Chili grob hacken (den Chili entkernen, wenn es nicht so scharf werden soll) und in einer Pfanne mit ein paar Tropfen Rapsöl anschwitzen, bis sie weich und ein wenig glasig geworden sind.

Die gekochten Cashewkerne, Miso/gekörnte Brühe, Tomatenmark, Paprika, trockene Gewürze und Basilikum in einen Mixer oder eine Küchenmaschine geben. Nachdem die Zwiebelmischung ein paar Minuten schmoren durfte, diese ebenfalls in den Mixer geben und das Ganze glatt pürieren. Mit Wasser verdünnen, bis die Soße die gewünschte Konsistenz hat. Mit Salz, Pfeffer und Zitronensaft abschmecken.

Die Soße zurück in die Pfanne geben, aufkochen und ein paar Minuten köcheln lassen. Mit der gekochten Pasta vermengen und darauf Blumenkohl, geröstete Pinienkerne und etwas frisches Basilikum geben.

KÜRBISSUPPE
MIT INGWER UND CAYENNEPFEFFER

Gibt es etwas Besseres als Kürbis? Ich glaube nicht. Mit seiner hübschen, tiefgelben Farbe, seinem ganz eigenen Geschmack und der kurzen Saison im Herbst hat es beinahe etwas Andächtiges, den Kürbis in dieser Zeit zu verarbeiten. Diese Suppe ist mein Klassiker, wenn es um Kürbis geht. Sie enthält Ingwer, Knoblauch und Cayennepfeffer.

Alle Mengenangaben sollten Sie als Richtlinien verstehen, denn es ist wirklich schwierig, im Supermarkt die exakte Menge Kürbis zu kaufen. Für diese Suppe können Sie alle essbaren Kürbissorten nehmen. Fast alle haben eine nicht essbare Schale, deren Gewicht man abziehen muss, noch dazu wiegen sie alle unterschiedlich viel. Doch wenn Sie einen mittelgroßen Kürbis bekommen, der zwischen 1 und 3 Kilogramm wiegt, sind Sie auf der richtigen Spur. Es spricht auch nichts dagegen, viel mehr Suppe zu kochen, als Sie am gleichen Tag essen möchten. Sie lässt sich hervorragend kaltstellen und wieder erwärmen.

FÜR 2–4 PORTIONEN

CA. 500 G KÜRBIS

RAPSÖL

BUTTER ODER NEUTRALES ÖL

1 GELBE ZWIEBEL

SALZ UND PFEFFER

3 KNOBLAUCHZEHEN

1 CA. DAUMENGROSSES STÜCK INGWER

WASSER (VERSCHIEDENE MENGEN,
    SIEHE ZUBEREITUNG)

1–2 TL CAYENNEPFEFFER ODER CHILI
    (NACH GESCHMACK)

SAFT VON ½ ZITRONE

1 DOSE BUTTERBOHNEN

EVTL. 200 ML SAHNE

GERÖSTETE KÜRBISKERNE

1 TL GEMÜSEBRÜHE (FÜR METHODE 2)

Es gibt zwei verschiedene Arten, Kürbissuppe zu kochen: entweder direkt im Topf oder durch Backen im Ofen. Die Zubereitung für beide Varianten finden Sie in diesem Rezept.

GEBACKENER KÜRBIS

Den Kürbis halbieren. Mit einem Löffel die Kerne entfernen und die Kürbishälften mit der Schnittfläche nach unten drehen. In große Spalten oder Stücke schneiden und mit etwas Rapsöl beträufelt im Ofen backen, bis Sie problemlos mit einer Gabel in das Kürbisfleisch stechen können.

In einem großen Topf bei mittlerer Hitze Butter schmelzen/Öl erhitzen und die grob gehackte Zwiebel mit 1 Prise Salz hineingeben. Wenn die Zwiebel glasig ist, Knoblauch und Ingwer hinzufügen. Es wird später alles mit dem Stabmixer zerkleinert, Sie müssen hier also nicht sehr gründlich sein.

Wenn das Gemüse weich ist und herrlich duftet, die Kürbisstücke mit ca. 400 ml Wasser, 1 guten TL Cayennepfeffer, dem Zitronensaft, einer Prise Salz sowie den Butterbohnen in den Topf geben. Aufkochen und 5–6 Minuten köcheln lassen, dann den Topf vom Herd nehmen und alles mit dem Stabmixer glatt pürieren. Falls notwendig, 100–200 ml Sahne hinzufügen, umrühren und mit gerösteten Kürbiskernen, warmem Brot und mit ein wenig Cayennepfeffer bestreut servieren.

ALLES IN DEN TOPF

Mit einem scharfen Messer den Kürbis halbieren. Die äußerste Schale abschneiden und das Innere in große Würfel schneiden. Später wird alles mit dem Stabmixer zerkleinert, Sie müssen hier also nicht sehr gründlich sein.

In einem großen Topf bei mittlerer Hitze Butter schmelzen/Öl erhitzen und die grob gehackte Zwiebel mit einer Prise Salz hineingeben. Wenn die Zwiebel glasig ist, Knoblauch und Ingwer hinzufügen. Das Gemüse ein paar Minuten im Topf schmoren, dann mit Wasser bedecken (es sollte gerade bedeckt sein) und 1 TL Gemüsebrühe hinzufügen. Den Deckel aufsetzen und das Ganze kochen, bis der Kürbis weich ist. (Mit einem Messer in ein Stück stechen, es sollte kein Widerstand spürbar sein.) Wenn Sie Butterbohnen verwenden, geben Sie diese zu, bevor alles mit dem Stabmixer glatt püriert wird.

Evtl. 100–200 ml Sahne angießen, umrühren und die Suppe mit gerösteten Kürbiskernen, warmem Brot und mit ein wenig Cayennepfeffer bestreut servieren.

ITALIENISCHER EINTOPF
MIT PASTA UND ZUCCHINI

Im Herbst und Winter koche ich häufig Suppen und Eintöpfe, die einen ordentlich von innen aufwärmen. Am liebsten arbeite ich mit selbst gemachter Bouillon und gebe den Zutaten ein paar Stunden im Ofen, während ich in der Wohnung beschäftigt bin oder in Ruhe einen Kaffee trinke. Da ist es dann auch egal, ob es draußen regnet oder stürmt. Die erste Alles-Aus-Einem-Topf-Suppe des Herbstes ist in der Regel ein heißer, leckerer italienischer Eintopf mit Tomaten, Gemüse, Pasta und Butterbohnen, meinen Lieblingsbohnen.

FÜR 4 PORTIONEN

1 ½ EL OLIVENÖL

1 GELBE ZWIEBEL

1 GROSSE MÖHRE

1 SELLERIESTANGE

2 KNOBLAUCHZEHEN

1 ZUCCHINI

1 EL ZUCKER

2 LORBEERBLÄTTER

5–6 STIELE FRISCHER THYMIAN

1 TL SALZ (NUR, WENN SIE SALZFREIE BOUILLON/BRÜHE VERWENDEN)

1 DOSE GEHACKTE TOMATEN

700 ML GEMÜSEBOUILLON

1 DOSE BUTTERBOHNEN (240 G GEKOCHTE BOHNEN)

1 EL ZITRONENSAFT

100 G PASTA (SPIRALEN, SCHLEIFEN, PENNE ODER GROSSE MAKKARONI, NICHT DIE GANZ KLEINEN)

FEIN GEHACKTE PETERSILIE ODER BASILIKUM ZUM SERVIEREN

Dies ist eine Suppe, die mit selbst gemachter Bouillon deutlich besser wird, daher empfehle ich, ihre Zubereitung auf einen Tag zu legen, an dem Sie auch einen Topf Bouillon aus Gemüseresten kochen wollen (S. 193). Dann ist die Basis nämlich schon fertig, und Sie müssen später nur noch die anderen Zutaten hineinwerfen. Haben Sie Gemüsereste, dürfen diese alle in den Topf. Das Ganze erscheint vielleicht ein wenig umständlich, doch ich nehme das Bouillonkochen immer zum Anlass, mich in der Zwischenzeit um andere Dinge zu kümmern. Blumengießen, die Bücherregale abstauben, den Artikel lesen, den ich schon so lange lesen wollte.

Zunächst Olivenöl und fein gehackte Zwiebel in einen großen Topf mit dickem Boden geben und die Platte auf mittlere Stufe einstellen. Die Mischung erhitzen, und wenn die Zwiebel weich zu werden beginnt, Möhre und Selleriestange in dünnen Scheiben hinzufügen. Das Gemüse 5–10 Minuten schmoren, während Sie den Knoblauch hacken und die Zucchini aufschneiden, zunächst längs, dann in „Halbmonde" von 5–6 mm Stärke.

Zucchini und Knoblauch mit Zucker, Lorbeerblättern, Thymian und ggf. Salz in den Topf geben. Wenn Sie frischen Thymian verwenden, binden Sie die Stängel mit einem Bindfaden zusammen, dann lassen sie sich später leichter entfernen, wenn Sie die Gewürze nicht mitservieren möchten.

Wenn die Zucchinistücke weich und an den Rändern gebräunt sind, kommen Tomaten, Bouillon und abgespülte Butterbohnen in den Topf. Den Deckel aufsetzen und den Eintopf 10–15 Minuten köcheln lassen. Mit Zucker, Zitronensaft und Salz abschmecken.

Die Pasta in den Eintopf geben und 7–8 Minuten mitkochen, bis sie gar ist. Mit Petersilie oder Basilikum dekorieren.

NÜSSE

Nüsse sind ein kleines Wunder

Aber hallo! Gibt es etwas, das sich vielseitiger für absolut alles verwenden lässt als Nüsse? Und das alles zwei-, drei- oder sogar viermal besser macht? Ich finde: Ein paar geröstete Pinienkerne machen alle Pastagerichte gleich doppelt so gut. Mit einigen karamellisierten Walnüssen wird jeder Salat mindestens dreimal besser. Geröstete Haselnüsse auf einer Suppe befördern diese in eine ganz andere Suppen-Liga. Und im Ofen gebackene Salzmandeln machen den Samstagabend zu etwas ganz Besonderem, wenn Sie mich fragen.

Doch es gibt auch Gelegenheiten, da sind die Nüsse der Chef auf dem Teller. Wussten Sie beispielsweise, dass Sie eine Soße aus Cashewkernen zubereiten können? Oder Milch aus Mandeln? Mit getrockneten und ungesalzenen Nüssen können Sie eine ganze Palette an Nussprodukten von Grund auf selbst zubereiten, was nicht nur Geld spart, sondern Ihnen auch ermöglicht, dass Sie reine Produkte zu sich nehmen anstelle der verpackten, die häufig viel Fett, Salz und Konservierungsmittel enthalten, die Sie eigentlich gar nicht zu sich nehmen wollen.

Darüber hinaus sind Nüsse sehr gut für Sie. Sie enthalten die gesunden Fettsäuren, die der Körper braucht, um zu funktionieren, wie er soll, außerdem sind sie regelrechte Nährstoffbomben mit viel Protein, Ballaststoffen, Vitaminen, Mineralien und Antioxidantien. Nüsse enthalten außerdem Omega-3- und Omega-6-Fettsäuren, die der Körper nicht selbst produzieren kann und die man daher über die Nahrung aufnehmen muss.

Eine Win-Win-Situation, wenn Sie mich fragen.

SELBST GEMACHTE
NUSSMILCH

Nussmilch eignet sich hervorragend, um all die guten Nährstoffe und gesunden Fette der Nüsse zu sich zu nehmen, ohne den ganzen Tag Nüsse knacken zu müssen. Pflanzenmilch kann im Großen und Ganzen für alles verwendet werden, für das Sie sonst normale Milch nehmen. Aber da Pflanzenmilch aus vielen verschiedenen Zutaten gewonnen wird – Soja, Mandeln, Haselnüsse, Hafer, Reis und Kokos, um nur einige zu nennen –, hat sie auch verschiedene Anwendungsbereiche und wirkt sich natürlich auf den Geschmack aus.

Soja lässt sich gut erhitzen, z.B. als Milch im Kaffee oder in einer hellen Soße. Nussmilch passt toll zu allen Smoothies, Kuchen und nicht zuletzt Pfannkuchen, während Kokosmilch ja die Hauptrolle in Gerichten wie Linseneintopf (S. 68), Curry (S. 151) oder Thai-Salat (S. 90) spielt. Hafer- und Reismilch haben eine dünnere Konsistenz als die anderen und lassen sich z.B. gut zum Kochen von Brei verwenden. Es gibt viele Möglichkeiten und eine große Auswahl, hier gilt es herauszufinden, was Ihnen schmeckt.

Im Supermarkt ist Pflanzenmilch manchmal ziemlich teuer, außerdem enthält sie häufig leider nur einen geringen Anteil an Nüssen und dazu noch eine Reihe von Zusatzstoffen, die wir eigentlich gar nicht brauchen. Mit einem starken Mixer und rohen Nüssen können Sie Ihre eigene Nussmilch aus nichts anderem als eben Nüssen und Wasser zubereiten. Ich bereite zu Hause am liebsten Mandelmilch oder Haselnussmilch zu, die beide auf die gleiche Weise hergestellt werden. Sie können die Milch entweder ganz natürlich belassen oder aromatisieren – je nachdem, wofür Sie sie verwenden wollen. Vanille ist ein Klassiker, ebenso Akazienhonig für eine süßere Variante. Auch Gewürze wie Zimt oder Kardamom passen toll, wenn Sie die Milch z.B. für eine leckere Tasse Chai-Tee hernehmen möchten.

Um das bestmögliche Ergebnis zu erzielen, für Ihren Mixer und für Ihren Körper, der so viele Nährstoffe wie möglich aus der Milch aufnehmen sollte, sollten die Nüsse 12–24 Stunden vorher eingeweicht werden. Danach müssen Sie nur noch 1 Teil Nüsse mit 4 Teilen Wasser mischen. Das ist meiner Meinung nach ein gutes Mischungsverhältnis: z.B. 250 g Nüsse und 1 l Wasser, wenn Ihr Mixer eine solche Menge Flüssigkeit schafft.

Nüsse und Wasser im Mixer 3–4 Minuten verarbeiten, bis Sie sehen, dass diese vollständig zerkleinert sind. Ein Seihtuch oder Gazetuch über eine geräumige Schüssel spannen. Erscheint Ihnen das zu instabil, können Sie auch einen Durchschlag in die Schüssel stellen und das Tuch darüberlegen. Die Milch durch den Stoff abgießen und mit (sauberen) Händen die restliche Flüssigkeit ausdrücken. Wenn Sie die Milch aromatisieren möchten, die Zutaten jetzt hineingeben und leicht verrühren.

Die Milch in saubere Flaschen füllen und in den Kühlschrank stellen. Sie sollte innerhalb von 3–4 Tagen verbraucht werden.

Die von der Milchherstellung übrig gebliebene Masse können Sie gut für Gebäck, Kekse oder für das Abendessen des gleichen Tages verwenden. Außerdem können Sie sie auf einem Backblech im Ofen bei niedriger Hitze (Umluft) trocknen. So erhalten Sie ein Nussmehl, das Sie über ein Eis streuen und unter Ihr Müsli oder in einen Brei rühren können.

DREI VERSCHIEDENE
NUSSSNACKS

Ich muss Ihnen etwas gestehen: Manchmal artet der Kauf von Nüssen bei mir aus. Ich will alle probieren, die salzigen, rauchigen, süßen, grünen, hellen, die mit Schale, die ohne Schale, geröstet, gebacken, roh – es spielt keine Rolle. Gibt es Nüsse, muss ich sie einfach haben!

Es passiert daher immer (oder ziemlich häufig), dass das, was ich in meiner Tasche nach Hause trage – egal ob aus dem Supermarkt um die Ecke oder aus einem Urlaub – Nüsse sind.

Zu meiner eigenen Verteidigung muss ich sagen: Das ist ja auch verständlich. Nüsse sind lecker, sie sind gesund, und aus einer Handvoll Nüssen, wenigen Zutaten und einer halben Stunde in der Küche entsteht der beste Snack der Welt. Es ist – glauben Sie mir – unglaublich befriedigend, Snacks selbst zuzubereiten, und der Zeitaufwand lohnt sich. Und wenn Sie erst einmal dabei sind, können Sie auch gleich eine doppelte Portion machen.

KARAMELLISIERTE WALNÜSSE MIT CAYENNEPFEFFER

140 G WALNÜSSE

125 G PEKANNÜSSE

6–7 EL AHORNSIRUP (EVTL. 4–5 EL AKAZIENHONIG)

½ TL CAYENNEPFEFFER

½ TL SALZFLOCKEN

CURRYCASHEWS

1–3 EL CURRYPULVER

1 TL PAPRIKAPULVER

1 TL SALZ

SAFT VON ½ ZITRONE

200 G UNGESALZENE CASHEWKERNE

GESALZENE MANDELN

270 G ROHE MANDELN

4 EL SALZ

WASSER

KARAMELLISIERTE WALNÜSSE MIT CAYENNEPFEFFER

Eine Pfanne mit dickem Boden bereitstellen. Den Herd auf mittlere Stufe stellen und die rohen Nüsse zum Rösten in die trockene Pfanne geben. Hin und wieder umrühren. Sie brauchen etwa 5–10 Minuten. Wenn sie gebräunt sind, aus der Pfanne nehmen und zur Seite stellen. Die Pfanne ausreiben und Nussreste entfernen. Ahornsirup mit Cayennepfeffer und Salz hineingeben und rühren, bis die Masse Blasen wirft und eindickt. Dann die Nüsse zurück in die Pfanne geben. Gründlich umrühren, bis alle Nüsse mit der Mischung bedeckt sind. Zum Abkühlen auf Backpapier ausbreiten.

CURRYCASHEWS

Salzig, säuerlich und gleichzeitig leicht scharf – eine überraschende Geschmackskombination. Diese Cashewkerne passen entweder in alle oder zu allen indischen oder thailändischen Gerichten mit Curry. Als Snack sind sie aber natürlich auch lecker.

Mit einem kleinen Schneebesen die Gewürze mit dem Zitronensaft verrühren, dann die Kerne hinzufügen. Umrühren, sodass alle Kerne gut mit Zitronensaft und Gewürzen bedeckt sind. Auf ein mit Backpapier ausgelegtes Backblech legen, dabei aufpassen, dass sie nicht übereinander liegen. Bei 150 °C auf mittlerer Schiene in den Ofen geben. Die Backzeit hängt von Ofen, Kernen und Menge ab, zwischen 10–40 Minuten ist alles möglich. Meine waren ein wenig zu lang im Ofen. Zwischendurch ein paarmal wenden. Die Kerne auf dem Blech abkühlen lassen, dann in ein luftdicht verschließbares Behältnis umfüllen.

GESALZENE MANDELN

Kennen Sie diese superleckeren gesalzenen Mandeln, die im Geschäft ein Vermögen kosten? Hören Sie auf, sie zu kaufen! Kaufen Sie lose Mandeln und bereiten Sie sie selbst zu, die sind leichter, besser und billiger. Alles, was Sie brauchen, ist reichlich Meersalz. Hier können Sie die Salzmenge anpassen, je nachdem, wie salzig die Mandeln sein sollen. Wenn Sie sie darüber hinaus aromatisieren wollen, erfolgt dies, nachdem die Mandeln im Salzwasser gekocht wurden. Einfach mit Gewürzen bestreuen, bevor sie in den Ofen kommen. Durch das Rösten im Ofen bekommen die Mandeln auch ein leicht rauchiges Aroma.

Die Mandeln mit etwas Salz in einen Topf geben und mit Wasser auffüllen, bis das Wasser gut 1–2 cm über den Mandeln steht. Zugedeckt aufkochen und dann 3–4 Minuten sprudelnd kochen.

Das Wasser abgießen und die Mandeln auf einem mit Backpapier ausgelegten Backblech ausbreiten. Sorgen Sie dafür, dass sie nicht übereinander liegen. Mit noch mehr Salz bestreuen und für 10–15 Minuten in den auf 200 °C vorgeheizten Ofen stellen.

Am besten lässt sich feststellen, ob die Mandeln fertig sind, wenn Sie sie halbieren. Wenn sie noch heiß sind, fühlen sie sich weich an, also müssen Sie auf die Farbe achten. Sie müssen im Kern goldgelb oder ein wenig dunkler sein, je nachdem, wie intensiv ihr Geschmack sein soll. Auf dem Backblech abkühlen lassen, dann direkt servieren oder in einem luftdicht verschließbaren Behältnis aufbewahren.

BUCHWEIZENPFANNKUCHEN
MIT BANANE

Pfannkuchen sind für mich ein Frühstück, und es gibt kaum etwas Besseres, als einen Samstag oder Sonntag mit einem Stapel dicker Bananenpfannkuchen zu beginnen. Bei uns zu Hause haben wir es uns zum Sport gemacht zu versuchen, ein besonders gutes Sonntagsfrühstück zu machen, ohne dafür einkaufen zu müssen, und da sind wir schnell bei Pfannkuchen gelandet.

Ein wenig Obst klein geschnitten, der letzte Rest Naturjoghurt mit etwas Honig oder Agavensirup verrührt, der Kaffee sorgfältig aufgebrüht – wenn wir besonders viel Glück haben, können wir sogar noch einen kleinen Smoothie mixen. Diese Pfannkuchen sind aus Buchweizenmehl statt Weizenmehl zubereitet. Trotz seines Namens ist der Buchweizen nicht mit dem Weizen verwandt. Tatsächlich gehört er in die Nussfamilie und ist vollständig glutenfrei. Zusätzlich zum Buchweizen nehme ich Bananen, am liebsten die etwas überreifen, Pflanzenmilch, Leinsamen und Agavennektar. So werden diese Pfannkuchen glutenfrei, milchfrei, enthalten keinen weißen Zucker oder Eier, sind dafür aber unglaublich nahrhaft und voller Geschmack – ohne dass sie dabei schwierig zuzubereiten wären.

Die Leinsamen müssen vor der Pfannkuchenzubereitung zerstoßen und eingeweicht werden, damit sie lange genug quellen und zu dieser zähen Masse werden können, die wir als Bindemittel verwenden. Die Samen in einem Mixer oder einem Mörser zerkleinern und in Wasser einweichen. Das können Sie prima am Tag vorher machen, wenn es die Pfannkuchen zum Frühstück geben soll. Sonst erledigen Sie das, bevor Sie die restlichen Zutaten zusammenstellen, sodass sie mindestens 10 Minuten quellen können, das reicht.

Buchweizenmehl, Backpulver, Vanille nach Wunsch, Pflanzenmilch und Ahornsirup in einer Schüssel verrühren. Es entsteht ein ziemlich dickflüssiger Teig, und das soll auch so sein. Dann die Leinsamenmischung und die Banane unterheben, die Sie vorher mit einer Gabel leicht zerdrückt haben.

Die Pfanne muss richtig heiß sein, bevor Sie die Pfannkuchen ausbacken. Einen Klecks Kokosöl oder ein anderes Bratfett in die Pfanne geben. Mit einer kleinen Kelle die Pfannkuchen portionieren, ggf. nacheinander braten. Wenn der Pfannkuchen an der Oberfläche Blasen wirft, ist es Zeit, ihn zu wenden. Etwa genauso lang auf der anderen Seite braten, maximal 2–3 Minuten. Mit Früchten nach Wahl servieren.

FRÜHSTÜCK FÜR 2

2 EL ZERSTOSSENE LEINSAMEN

6 EL WASSER

140 G BUCHWEIZENMEHL

1 TL BACKPULVER

¼ TL ECHTER VANILLE (KANN WEG-
GELASSEN WERDEN, DANN ETWAS
MEHR SÜSSE NEHMEN)

200 ML PFLANZENMILCH, ICH NEHME
SOJAMILCH NATURELL ODER
MANDELMILCH

2 TL AHORNSIRUP ODER AGAVENSIRUP
(EVTL. HONIG)

1 GROSSE BANANE

KOKOSÖL ZUM BRATEN (ODER EIN
ANDERES BRATFETT)

FRÜCHTE ZUM SERVIEREN,
Z.B. BROMBEEREN ODER HIMBEEREN

SELBST GEMACHTE
NUSSBUTTER

Nussbutter ist richtig lecker. Was für ein Glück, dass sie auch noch gesund ist! Für die Zubereitung von Nussbutter brauchen Sie einen guten Multizerkleinerer, am besten eine Küchenmaschine. Sie können auch den Mixer nehmen, aber die Geräte arbeiten auf unterschiedliche Art und Weise.

NUSSBUTTER

200 G ROHE UNGESALZENE MANDELN
ODER ERDNÜSSE

1 TL MEERSALZ (MALDON)

Der Mixer ist dafür ausgelegt, größere Mengen Flüssigkeit zu verarbeiten, und er versucht beständig, den Inhalt im Kolben nach oben zu bewegen, was bei Nussbutter harte Arbeit ist. Ein Multizerkleinerer mahlt am Boden der Schüssel (die auch einen größeren Durchmesser hat) und wird diese Aufgabe mit Bravour meistern.

Wie lange es dauert, hängt daher sehr davon ab, welches Gerät Sie für das Mahlen der Nüsse verwenden und wie stark dessen Motor ist. Eine Zeit lang wird es so aussehen, als würde nie Butter daraus werden, aber das wird es: Die Nüsse geben nach und nach Öl ab, je länger sie gemahlen werden und je mehr Reibung zwischen den Stücken entsteht. Daher gilt es hier, Geduld zu haben und abzuwarten, bis der magische Prozess beginnt. Am besten mit einem Teigschaber den Inhalt im Gefäß immer wieder nach unten schieben. Wird die Maschine heiß, gönnen Sie ihr eine Pause, bevor Sie weitermachen.

Sie können Nussbutter aus rohen Nüssen zubereiten, aber ich bevorzuge, sie zunächst kurz im Ofen zu rösten, um dieses tolle Aroma hervorzubringen, das die Nüsse bekommen, wenn sie eine Wärmebehandlung erfahren. Bei den meisten Nüssen reichen 10 Minuten, und Sie müssen auch nicht abwarten, bis sie kalt sind, bevor Sie die Butter zubereiten können.

Den Ofen auf 150 °C vorheizen und die Nüsse auf einem mit Backpapier ausgelegten Backblech ausbreiten. Für 10 Minuten in den Ofen geben. Dann die Nüsse mit dem Salz in den Mixer geben und zerkleinern, zuerst mit der Puls-Funktion, falls der Mixer diese besitzt, bis Sie kleine Stücke haben, und danach in langsamen Tempo. Je nachdem, welchen Mixer oder Multizerkleinerer Sie benutzen, dauert es einige Zeit, bis sich die Nüsse in Butter verwandeln. Vielleicht 1 Minute, vielleicht 20. Geduld ist eine Tugend, wenn es um Nussbutter geht.

Die Nussbutter in ein luftdicht verschließbares Behältnis umfüllen. Dieses aber erst verschließen, wenn die Nussbutter vollständig abgekühlt ist. Im Kühlschrank aufbewahren.

GRANOLA MIT KAKAO, HASELNÜSSEN UND BUCHWEIZEN

Es wäre eine Schande, dieses Granola nicht Dessertgranola zu nennen, denn das ist es definitiv. Dazu eine Kugel Eis – what's not to love? Jetzt, da das geklärt ist, kann man es natürlich auch zum Frühstück essen, mit Joghurt und Obst dazu. Problemlos. Habe ich ausprobiert. Das geht gut. Sehr gut sogar.

Was ist der Unterschied zwischen Frühstücksmüsli und Granola? Müsli bezeichnet eine trockene Mischung verschiedener Zutaten, Granola erfährt eine Wärmebehandlung und enthält Pflanzenfett und eine Süße, wodurch es richtig knusprig und lecker wird. Ich bezeichne es gerne als Luxusvariante des Müslis.

Haferflocken sind ein klassischer Bestandteil des Granola, und hier habe ich auch noch Buchweizen verarbeitet. Der Name Buchweizen ist etwas irreführend, denn es handelt sich nicht um Weizen, sondern um eine kleine Nuss. Sie können Buchweizenmehl für Pfannkuchen nehmen (S. 181) oder ganzen Buchweizen für ein leckeres, reichhaltiges Granola.

◆

Haferflocken und Buchweizen in eine große Schüssel geben. Haselnüsse mit einem scharfen Messer grob hacken, dann ebenfalls in die Schüssel geben, dazu 1 EL brauner Zucker und 1 TL Meersalz. Alles gut vermengen.

Einen kleinen Topf bei niedriger Temperatur auf den Herd stellen. Darin schmelzen Sie das Kokosöl. Sobald es flüssig ist, den Topf vom Herd nehmen. Danach Ahornsirup, Kakaopulver, Vanilleextrakt und 1 TL Salz löffelweise zugeben, zwischendurch gründlich verrühren.

Anschließend den Inhalt in die Schüssel mit den Haferflocken und dem Buchweizen geben. Mit einem Holzlöffel alles gründlich vermengen. Es dauert ein paar Minuten, bis alles gründlich vermischt ist, auch am Boden der Schüssel.

Die Masse gleichmäßig auf einem mit Backpapier ausgelegten Backblech verteilen. Auf mittlerer Schiene in den auf 150 °C vorgeheizten Backofen stellen. Alle 5–10 Minuten das Granola umrühren. Eine Haselnuss probieren. Ist sie innen goldgelb, ist das Granola fertig. Sie können nicht an der Farbe erkennen, ob es fertig ist, aber Sie merken es an den Haselnüssen. Sie sind immer noch ein wenig weich, wenn sie heiß sind, aber innen sind sie goldgelb und schmecken nach gerösteten Nüssen. Ca. 25–30 Minuten sollten Sie einkalkulieren und in den letzten 10 Minuten gut aufpassen.

Das Blech aus dem Ofen nehmen und abkühlen lassen. Dann das Granola in ein oder mehrere Behältnisse umfüllen.

FÜR CA. 250 G GRANOLA

250 G ZARTE HAFERFLOCKEN

150 G GANZER ROHER BUCHWEIZEN

210 G ROHE HASELNÜSSE ODER ANDERE NÜSSE

1 EL BRAUNER ZUCKER

2 TL MEERSALZ

3 EL KOKOSÖL

100 ML AHORNSIRUP ODER HONIG

3 EL KAKAOPULVER (100 %)

1 TL VANILLEEXTRAKT

GRANOLA
MIT ZIMT, KOKOS UND PISTAZIEN

Während der Woche frühstücke ich eigentlich nicht. Am liebsten sehe ich nur zu, dass ich aus dem Haus komme, die Kopfhörer in die Ohren stecke und mit Musik oder Radio im Ohr zur Arbeit gehe, vielleicht mit einem guten Kaffee in der Hand, und die Zeit unterwegs zum Wachwerden nutze.
Aber an den Wochenenden, da liebe ich das Frühstück. Da kann es passieren, dass ich noch eine Weile unter der Decke liegen bleibe und überlege, was ich zum Frühstück zubereiten möchte. Vielleicht ist es ein Pfannkuchensonntag, vielleicht ein Brötchensamstag, oder vielleicht ist es Zeit für Granola?

FÜR CA. 400 G FERTIGES GRANOLA

130 G ROHE UND GESALZENE PISTAZIEN ODER ANDERE NÜSSE

30–50 G KOKOSSPÄNE ODER GERIEBENER KOKOS

2 EL KOKOSÖL

300 G ZARTE HAFERFLOCKEN

¼ TL SALZ

1 TL ZIMT

½ TL GEMAHLENER KARDAMOM

3 EL AHORNSIRUP ODER FLÜSSIGER HONIG

Bei diesem Granola sind es die leckeren Gewürze, die Haferflocken und die Nüsse, die in Kombination mit einem Naturjoghurt und etwas frischem Obst zu einem tollen Start in den Tag verhelfen – egal ob während der Woche oder am Wochenende.

Wenn Sie das Granola in der Pfanne zubereiten möchten, ist es wichtig, dass diese einen dicken Boden hat, damit Sie die Hitze kontrollieren können. Zunächst Pistazien grob hacken und mit den Kokosspänen in einer trockenen Pfanne bei mittlerer Hitze 4–5 Minuten unter Rühren rösten, bis die Kokosspäne goldgelb sind. In einer Schüssel zur Seite stellen.

Die Hitze ein wenig reduzieren und Kokosöl und Haferflocken in die Pfanne geben. Jetzt müssen Sie sehr viel rühren, damit alles gleichmäßig geröstet wird und es nicht zu schnell geht. Es dauert etwa 10 Minuten, bis die Haferflocken gut geröstet sind.

Salz, Zimt und Kardamom untermischen, dann Ahornsirup einrühren. Es ist wichtig, dass Sie gründlich rühren, damit alle Haferflocken mit Ahornsirup bedeckt sind. Die Mischung 4–5 Minuten rösten, zum Schluss Pistazien und Kokosspäne dazugeben.

Die Mischung auf Backpapier abkühlen lassen. Die Haferflocken werden erst knusprig, wenn sie vollständig erkaltet sind. Wenn das Granola abgekühlt ist, können Sie auch getrocknete Früchte hinzufügen, wenn Sie mögen. Das Granola sollte in einer luftdicht verschließbaren Dose an einem dunklen Ort aufbewahrt werden. Es hält sich mehrere Wochen, wenn es bis dahin nicht aufgegessen wurde.

CASHEW-
CREME

Sie mögen Sauerrahm? Ich auch. Daher sorge ich dafür, dass möglichst häufig ein Glas Cashewcreme an prominenter Stelle im Kühlschrank steht, sodass ich – egal was ich essen möchte – das Glas statt eines Bechers Sauerrahm herausnehmen und in allen Gerichten verarbeiten kann.

Und damit meine ich alles, wofür Sie sonst Sauerrahm nehmen: als Belag auf einer Scheibe Brot oder Knäckebrot, als Topping auf einem Sandwich mit viel Gemüse und Salat, als Soße auf einem Burger-Brötchen, bevor es mit dem Fleisch und einer dicken Scheibe Avocado belegt wird, als Topping auf Pizza, als Basis für einen Dip mit Nachos und frischen Möhren und Selleriestangen, als feste Beilage für alles, was mit Tacos und Tortillas zu tun hat ... Sehen Sie, was ich meine?

Grundsätzlich besteht Cashewcreme nur aus Cashewkernen, Wasser, etwas Salz und ein wenig Zitronensaft. Dies ist meine Standard-Cashewcreme, die sich dann mit Chilisoße, Kräutern, Gewürzen und Ölen mischen lässt, damit sie perfekt zum Abendessen, zum Sandwich oder zum Snack passt. Cashewkerne gehören zu den besten Nüssen, die Sie essen können, denn sie enthalten verhältnismäßig wenig Kalorien, und wenn Sie sie roh statt frittiert und gesalzen kaufen, sind sie auch noch gesund.

Es gibt zwei verschiedene Arten, Cashewcreme zuzubereiten: Eine braucht wenig Zeit, die andere etwas mehr. Bei der längeren Variante müssen die Cashewkerne über Nacht oder bis zu einem Tag einweichen. Das ist wichtig, damit der Körper leichter all die Nährstoffe, die in ihnen stecken, aufnehmen kann und damit sie genau diese seidenweiche Konsistenz bekommen, auf die wir aus sind. Bei der kurzen Variante – die mir lieber ist – werden die Kerne in aufgekochtem Wasser eingelegt oder direkt in Wasser 5–10 Minuten lang gekocht, bevor die Creme zubereitet wird. Ganz einfach!

Es ist wichtig, dass die Cashewkerne nicht gesalzen sind. Im Supermarkt finden Sie sie meist im Regal mit den Backzutaten, in gut sortierten Reformhäusern und bei Gemüsehändlern bekommen Sie sie ggf. auch lose.

ZUTATEN

100 G ROHE UNGESALZENE CASHEW-
  KERNE

1 EL FRISCH GEPRESSTER ZITRONENSAFT

1 KLEINE PRISE SALZ

1–2 EL KOCHENDES WASSER

▼

In einem Topf die Cashewkerne 10 Minuten kochen. Einen Mixer oder einen Multizerkleinerer bereitstellen (wenn Sie nur 100 g Kerne verarbeiten und nicht die doppelte Menge, ist ein kleinerer Mixbehälter besser, damit die Messer alles gleichmäßig zerkleinern). Die Nüsse abgießen und mit Zitronensaft und Salz in den Zerkleinerer geben. Darin zu einer Creme verarbeiten und vorsichtig mit kochendem Wasser verdünnen, bis sie die gewünschte Konsistenz hat.

NICHT WEGWERFEN, BOUILLON KOCHEN!

Wir entsorgen im Schnitt jede fünfte Tüte mit Lebensmitteln, die wir einkaufen. Denken Sie einmal darüber nach: Das ist, als würden Sie in den Laden gehen, fünf Tüten mit Lebensmitteln kaufen und eine davon direkt vor dem Laden in den Mülleimer werfen.

Das tun wir natürlich nicht, wie nehmen die Lebensmittel mit nach Hause, und keiner hat die Absicht, sie wegzuwerfen. Dennoch tun wir es, und das ist auch nicht verwunderlich. Es liegt zum einen daran, dass es uns kaum gelingt, alle Mahlzeiten richtig zu planen. Also kaufen wir so ein, dass wir sicher sein können, auf jeden Fall alles zu haben, was wir brauchen. Auf der anderen Seite legen meist die Geschäfte fest, in welcher Menge wir eine Zutat kaufen, und das gilt sowohl für trockene Waren als auch für frische und für Gemüse, das für uns in Beutel verpackt wird. Meist müssen wir mehr Möhren, Zwiebeln und andere Zutaten kaufen, als wir brauchen, und diese werden dann schlecht, bevor wir uns ihnen widmen können. Ein dritter Aspekt ist, dass wir außerdem Teile vom Gemüse wegschneiden, das wir verarbeiten.

Nein, wir werfen Lebensmittel nicht gerne weg. Glücklicherweise gibt es einiges, was wir tun können, um unsere Essensabfälle zu reduzieren, und dabei geht es wie bei so vielem anderen nur um die richtigen Routinen und Gewohnheiten, darum, vorausschauend zu handeln, und nicht zuletzt um einen Überblick, was sich alles in Schubladen und Schränken befindet.

Wenn ich mit anderen darüber rede, höre ich häufig das Argument, all diese Dinge bräuchten so viel Zeit. Ich verstehe das Problem, denn natürlich braucht man dafür Zeit. Aber das Schöne daran ist ja, dass vieles davon fast von alleine funktioniert. Dafür müssen wir etwas bewusster arbeiten und in der Küche vielleicht zwei Dinge gleichzeitig tun. Einen Topf mit Bouillon aufsetzen, wenn Sie ohnehin zu Hause sind, um einige Maschinen Wäsche zu waschen, wenn die Kinder im Bett sind oder während Sie im Homeoffice arbeiten. Einen Platz im Gefrierschrank festlegen, wo Sie Dinge einfrieren und die Zutaten herausholen, die Sie verarbeiten wollen. Das Schöne an neuen Gewohnheiten ist: Sind

sie erst einmal etabliert, wissen Sie gar nicht mehr, wie es früher ohne sie ging.

Auf den nächsten Seiten zeige ich Ihnen vier Tricks, wie Sie weniger Lebensmittel wegwerfen müssen.

DEN EINKAUF PLANEN, KLÜGER EINKAUFEN

So einfach, aber gleichzeitig auch schwierig. Für die meisten von uns verfliegen die Tage so schnell, dass es ein frommer Wunsch bleibt, sich hinzusetzen, um zu planen, was in der nächsten Woche auf dem Tisch stehen soll. Doch es ist ja so: Die Zeit, die Sie für Planung und Einkauf aufwenden, sparen Sie jeden Tag, wenn Sie nicht mehr darüber nachdenken müssen, was Sie kochen sollen, auf dem Weg nach Hause nicht mehr durch den Laden hetzen müssen, nicht mehr ratlos vor dem Kühlschrank stehen, wenn Sie einsehen müssen, dass es schwierig wird, ohne Möhren eine Möhrensuppe zu kochen.

Mein Tipp ist: Gestalten Sie die Planung so, dass sie Spaß macht. Setzen Sie sich auf das Sofa, den Laptop auf dem Schoß, die Lieblingskochbücher daneben, und planen Sie das Menü für die nächste Woche. Berücksichtigen Sie bei der Planung Tage, an denen Sie wenig Zeit haben, nicht zu Hause essen werden oder Gäste bekommen. Nehmen Sie Rezepte für Gerichte, die man über mehrere Tage essen kann, z.B. Enchiladas, von denen Sie genauso gut gleich zwei Portionen zubereiten können, wenn Sie schon dabei sind. Tomatensoße können Sie in der doppelten Menge kochen und am ersten Tag zu Pasta, am nächsten Tag als Soße zu den Linsenbällchen essen. Reis oder Quinoa kochen Sie am besten in Mengen für mehrere Tage und bewahren die Reste im Kühlschrank auf. Mit einem guten Plan können Sie die Zeit für das Kochen halbieren und gleichzeitig Ihren Lebensmittelabfall reduzieren, indem Sie die Reste für andere Mahlzeiten hernehmen. Unter der Woche halten wir es gut aus, zweimal das Gleiche zu essen, wenn Sie also etwas wissen, was die Familie besonders lecker findet, gibt es das einfach zweimal! Das hat noch niemandem geschadet.

Mit einem guten Plan können Sie auch Ihre Einkäufe besser planen. Wenn Sie feststellen, dass Sie ein Pfund Möhren in einem der Rezepte brauchen, planen Sie dazu noch ein Gericht, bei dem Sie das andere Pfund aus der Tüte verarbeiten können. Dies betrifft vor allem Zutaten, die sich nicht sehr lange halten, wie Kräuter, Früh-

lingszwiebeln, Sprossen, Spinat, Brokkoli und Salat. Robustere Lebensmittel wie Kartoffeln, Zwiebeln, Rote Bete, Möhren, Kohl und Kartoffeln halten es im Kühlschrank deutlich länger aus und lassen sich daher auch noch bei der Planung der nächsten Woche berücksichtigen: Prüfen Sie zunächst, was Sie noch aus der Woche vorher in den Schränken haben, und bauen Sie Ihr Menü darauf auf.

EINFRIEREN! FÜR SPÄTER AUFBEWAHREN!

Die schnellste und einfachste Art, halb verwelktes Gemüse zu verarbeiten statt wegzuwerfen, ist das Einfrieren. Einige Gemüsesorten eignen sich dafür besser als andere, doch es klappt hervorragend mit Blumenkohl, Brokkoli, frischen Bohnen, Spinat, Möhren und anderen robusten Wurzelgemüse- und Gemüsesorten. Am besten das Gemüse aufschneiden, kurz in kochendem Wasser blanchieren (Wasser aufkochen, das Gemüse ein paar Minuten hineingeben und danach in eiskaltes Wasser legen), abtropfen lassen und portionsweise einfrieren, entweder getrennt oder in Kombinationen, die Sie häufig verarbeiten. Die Dosen mit dem Inhalt und dem Datum des Einfrierens kennzeichnen. Und beim nächsten Mal, wenn Sie etwas kochen, an dem Gemüse in einem Eintopf oder einer Suppe beteiligt ist, müssen Sie es nur noch aus dem Gefrierschrank nehmen.

BOUILLON KOCHEN

Ich muss gestehen, lange Zeit dachte ich, eine Bouillon zu kochen sei etwas extrem Zeitaufwendiges und Kompliziertes, das einen mehrere Tage lang an die Küche fesseln würde. Ich lag glücklicherweise falsch. Eine Bouillon zu kochen, ist so ziemlich das einfachste, was Sie machen können, und abgesehen davon, dass es hervorragend dabei hilft, kein Gemüse mehr wegwerfen zu müssen, wird jedes Gericht damit so viel besser, als wenn man einen Brühwürfel verwenden würde. Und bevor Sie lautstark protestieren: Es ist nichts Schlimmes an einem Brühwürfel, wenn Sie keine Bouillon haben. Doch wenn Sie es sich zur Gewohnheit machen, eine Bouillon zu kochen, sobald Sie Gemüse haben, das auf dem letzten Loch pfeift, haben Sie immer Bouillon in Tiefkühler. Denn ich stimme vollständig mit Ihnen überein: Es wäre zu aufwendig, erst eine Bouillon zu kochen, bevor man überhaupt mit der Zubereitung des Abendessens beginnt. Denn so läuft es in unserem Alltag nicht.

Für mich ist das Kochen von Bouillon eine Sonntagsaktivität. Dann nehme ich einen großen Topf und suche alles zusammen, was ich an Gemüse im Kühlschrank habe. Ich wasche das Gemüse und schneide es in grobe Stücke, bevor es ein paar Minuten in 1 EL Butter oder Öl anbraten darf, dann gieße ich Wasser an, lasse es aufkochen und dann ein paar Stunden köcheln, während ich mit anderen Dingen beschäftigt bin. Wenn ich aus dem Haus will, stelle ich die Platte aus, lege den Deckel auf den Topf und schalte den Herd wieder ein, wenn ich zurückkomme. Wenn ich beabsichtige, die Bouillon an einem der nächsten Tage zu verarbeiten, seihe ich sie ab und lasse sie bei Zimmertemperatur abkühlen, bevor ich sie in einen Krug oder eine Flasche fülle und in den Kühlschrank stelle. Wenn ich die Bouillon einfrieren möchte, seihe ich sie ab, lasse sie zu einer reduzierten und extrem konzentrierten Bouillon einkochen, gieße sie in eine Eiswürfelform und stelle sie in den Gefrierschrank. Dann muss ich nur noch, wenn ich ein wenig gute Bouillon im Eintopf brauche, einen oder zwei Würfel herausnehmen und in Flüssigkeit auflösen.

Fast alles eignet sich für Bouillon. Ich finde, das Basisrezept ergibt eine wunderbare Bouillon für absolut alle Gerichte, egal ob es eine Suppe, ein Eintopf, eine Soße oder die Zubereitung von Getreide ist. Mit einfachen Handgriffen können Sie verschiedene Aromen hinzufügen, die zu dem Gericht, das Sie kochen möchten, passen, und im Nu haben Sie eine fantastische Grundlage für alle möglichen Gerichte.

BASISREZEPT FÜR BOUILLON

2 GELBE ZWIEBELN

½ STANGE LAUCH

3 MÖHREN

4 STANGENSELLERIE

1 LORBEERBLATT

1 L WASSER

1 EL ÖL ODER BUTTER

ITALIENISCHE BOUILLON FÜR RISOTTO ODER LASAGNE

2 EL BUTTER

1 EL OLIVENÖL

1 GELBE ZWIEBEL

1 MÖHRE

2 STANGEN SELLERIE

3 CHAMPIGNONS

1 HANDVOLL GEHACKTE PETERSILIEN-STÄNGEL

1 KLEINES STÜCK ZITRONENSCHALE

2 TL GETROCKNETE KRÄUTER, Z.B. THYMIAN UND ROSMARIN

5 PFEFFERKÖRNER

2,5 L WASSER

ASIATISCHE BOUILLON

3 GROSSE SCHALOTTEN MIT SCHALE

3 GROSSE KNOBLAUCHZEHEN MIT SCHALE

1 DICKE SCHEIBE INGWER MIT SCHALE

6–8 KLEINE RETTICHE

½ KLEINER KOHLRABI

1 TL SONNENBLUMENÖL

IM OFEN BACKEN, WAS ÜBRIG IST

Dies ist so einfach, dass man es im Grunde nicht mal ein Rezept nennen kann. Gleichzeitig ist es eines der besten Alltagsgerichte, die ich kenne – und als Krönung kocht es sich fast von allein! Dafür müssen Sie nur alle Gemüsereste bereitlegen, die Ihrer Meinung nach gut zusammenpassen: Kartoffeln, Zwiebeln, Möhren, Brokkoli, Blumenkohl, Fenchel, Auberginen, Zucchini, Rosenkohl, legen Sie los! In gleich große Würfel schneiden (je kleiner die Würfel, desto weniger Zeit braucht es im Ofen) und auf einem mit Backpapier ausgelegten Backblech verteilen. Aus der Schublade eine Dose mit gekochten Kichererbsen oder Bohnen nehmen, abspülen und ebenfalls auf das Blech geben. Haben Sie noch einige schlaffe Kräuter übrig, dürfen diese auch dabei sein. Zum Schluss beträufeln Sie alles mit etwas Olivenöl und Gewürzen oder getrockneten Kräutern. Während das Gemüse im Ofen steht, können Sie ein Dressing zusammenrühren, und schon ist das Abendessen serviert. Haben Sie nicht genug Gemüse, oder es müssen viele Personen satt werden, ist eine Portion gekochter Reis, Quinoa, Couscous oder Bulgur eine prima Ergänzung auf dem Teller.

NORDISCHER DREH

GELBE ZWIEBELN IN SPALTEN

KARTOFFELN IN WÜRFELN ODER SPALTEN

MÖHREN IN SCHEIBEN

1 DOSE BOHNEN ODER KICHERERBSEN

SALZ UND PFEFFER

KRÄUTER: DILL

DRESSING: SAUERRAHM ODER CASHEWCREME (SIEHE S. 189)
    VERMISCHT MIT GROBEM SENF UND PFEFFER

NAHOSTVARIANTE 1

1 ROTE ZWIEBEL IN SPALTEN

GANZE KNOBLAUCHZEHEN

AUBERGINE IN SCHEIBEN ODER WÜRFELN

ZUCCHINI IN SCHEIBEN ODER WÜRFELN

PAPRIKA IN SCHEIBEN

1 DOSE KICHERERBSEN ODER BUTTERBOHNEN

KREUZKÜMMEL, CAYENNEPFEFFER/CHILI, GEMAHLENER KORIAN-
    DER, PAPRIKAPULVER, SALZ

DRESSING: TAHINI-DRESSING (SIEHE S. 43)

NAHOSTVARIANTE 2

ROTE ZWIEBELN IN SPALTEN

GANZE KNOBLAUCHZEHEN

BLUMENKOHL IN KLEINEN RÖSCHEN

BROKKOLI IN KLEINEN RÖSCHEN

1 DOSE KICHERERBSEN

KREUZKÜMMEL, CAYENNEPFEFFER/CHILI, PAPRIKAPULVER, SALZ

DRESSING: TAHINI-DRESSING (SIEHE S. 43)

GRÜNE VARIANTE

GELBE ZWIEBELN IN SPALTEN

ZUCCHINI IN SPALTEN

FENCHEL IN SPALTEN

BROKKOLI IN KLEINEN RÖSCHEN

1 DOSE BOHNEN ODER KICHERERBSEN

SALZ UND PFEFFER

DRESSING: 1 SPRITZER ZITRONENSAFT UND ½ AVOCADO

FRANZÖSISCHER DREH

GELBE ZWIEBELN IN SPALTEN

GANZE KNOBLAUCHZEHEN

AUBERGINEN IN SCHEIBEN

ZUCCHINI IN SCHEIBEN

TOMATEN IN SPALTEN ODER HALBIERT

GETROCKNETE KRÄUTER: ROSMARIN, THYMIAN, PETERSILIE

DRESSING: AIOLI

Danke an meine Mama, Oma und Schwiegermutter, von denen ich meine Freude am Kochen habe.

Danke an Cappelen Damm für ihren unerschütterlichen Glauben an das Projekt, ihre kundige Anleitung und ihre gute Zusammenarbeit vom ersten Moment an. Danke an Sporenstrek, Studio Ask und die fantastische Josefin Linder für eine intensive und unglaublich flexible Fotoarbeit in einem herrlichen Studio. Dann an die Töpferin Anette Krogstad für die Leihgabe der hübschen, selbst gemachten Keramik, die wir für die Bilder verwendet haben. Danke an Familie, Freunde und Kollegen, die beste Fangemeinde, die man sich vorstellen kann. Und natürlich danke an Øystein, der mich angefeuert und an mich geglaubt hat und gleichzeitig alles andere am Laufen gehalten hat.

Aber vor allem: Danke an alle, die mir folgen, meinen Blog lesen, darüber reden und damit dafür gesorgt haben, dass mein Buch zu dem wurde, was es ist. Ohne Euch wäre es nie ein Buch geworden!

REZEPTREGISTER

ZUTATENREGISTER